世界史と日本史

並べて学べば面白すぎる

倉山満
Kurayama Mitsuru

KADOKAWA

はじめに

歴史を学べば学ぶほど、日本はノンキな国だと実感します。

とくに、中国や韓国との歴史問題が話題になるたびに聞こえてくる「なぜ隣国なのに仲良くできないのか?」というボヤキ声が耳に入るごとに、なんと日本はノンキな国なのだろう、と痛感します。あげくの果てには、「歴史を学び、真実と向き合えば、理解し合える」という言論を拡散しはじめます。

そういう人は、隣国とは仲が悪いから別の国なのだ、仲良くできるくらいなら最初から一緒になっているという、世界の歴史を見れば当たり前のことに気づかないのでしょう。

もしかしたら国と国の外交を、町内会のご近所付き合いと同じだと考えているのかもしれません。彼らにとっては、軍事同盟も、マンションの管理組合も同じなのでしょう。合同軍事演習も防災訓練くらいにしか考えていないのかもしれません。

幸い、日本は長らくノンキな国でいられました。

近代史においては「世界史」に巻き込まれ、それを明治維新に始まる近代化で乗り切り、調子に乗って大日本帝国を自滅で滅ぼしてからは、再びノンキな国に戻っています。外国と戦争して負けて、その当の国の軍隊にいてもらって守ってもらい、平和に暮らした気になっている。ここまでいくと、ノンキを通り越してマヌケといったほうがよいかもしれませんが、自分の国なので嘆いても仕方ありません。それが嫌なら、何をどうすればよいか。まずは学ぶことです。最初に学ぶのは歴史です。「どうして、こうなってしまったのか」の歴史を。日本人がなぜ事ここに至ってしまったかの、世界の歴史を。

日本人が思い浮かべる「世界史」とは、東洋史と西洋史の野合です。東洋史とは、「中国の歴代王朝とそのオマケの歴史」のこと。西洋史とは、「イギリス・フランス・ドイツを中心とした西ヨーロッパ史の野合」のこと。野合をいくら積み重ねても、野合にしかなりません。

本書は、日本の目線から世界の歴史を概観しようとの試みで始めました。「世界史」の半分の中国を日本は長らく拒否してきました。古代、遣隋使や遣唐使が文物を学びに行ったことがありますが、それだけです。幸い、一度も中国に軍事進駐されたことはありません。だからこれは、基本的には無視してよい。

問題は西洋史です。近代史において、ヨーロッパ人が日本にやってきて、日本は世界の歴史に巻き込まれ、いまの状態になりました。だから、西洋人とはどんな人かを知ることに集中すればよいのです。

といっても難しい話ではありません。西洋人中心の「世界史」を、我々が常識的に知っている「日本史」と並べてみるのです。

本書では、日本史と世界史を並べただけの年表を掲載していますから、眺めてみてください。なんてノンキな国なのだろうと思えてくるでしょう。本文は、その解説です。いつの間にか、いかに日本の人々がノンキでいられた幸せな人たちであったか、逆に、日本を世界史に巻き込んだ西洋の人々がノンキとは対極の人たちであったかが見えてくるかと思います。

時期は、西暦七世紀から十八世紀に絞りました。日本人が「世界史」に巻き込まれたのが七世紀で、それからもノホホンとしていられたけれども、とうとうノンキでいられなくなったのが十八世紀だからです。

それでは、『並べて学べば面白すぎる世界史と日本史』、ご開帳。

並べて
学べば
面白すぎる
世界史と日本史

目次

はじめに 1

第1章

七世紀——聖徳太子とムハンマド

世界の宗教が教える「聖徳太子不在説」の愚かさ

第2章

八世紀——平城京と聖像禁止令

道鏡の専権はビザンチン帝国の日常茶飯事

第5章

十一世紀――院政と十字軍

日本は「末法の世」、ヨーロッパは殺戮の世紀

第6章

十二世紀――源頼朝とインノケンティウス三世

かたや政治の天才、かたやインテリジェンスの天才

第7章▼

十三世紀――北条時頼とポーランド騎士団
日本と西欧を同時に襲ったモンゴルの脅威

第8章▼

十四世紀――室町幕府とオスマン帝国
当時の日本の人口はオスマン帝国とほぼ同じ！

装幀　芦澤泰偉

第1章

七世紀——聖徳太子とムハンマド

世界の宗教が教える「聖徳太子不在説」の愚かさ

日本が「世界史」とかかわるのは聖徳太子から

日本の歴史教科書は、中国の歴史書の記述から始まります。受験生は丸暗記させられるでしょう。

『漢書《かんじょ》』地理志……倭《わ》の国には一〇〇余りの国があった。
『後漢書《ごかんじょ》』東夷伝……倭の奴《な》の国王が挨拶に来たので、金印を授けた。
『魏志《ぎし》』倭人伝……倭の邪馬台国の卑弥呼《ひみこ》なる女王が挨拶に来たので、親魏倭王の称号を与えた。
『宋書《そうじょ》』倭国伝……倭から五人の王が挨拶に来たので、朝鮮の支配を認めてやった。
『隋書《ずいしょ》』倭国伝……倭の多利思比孤《たりしひこ》という王が無礼な手紙を寄越したので、皇帝は激怒した。

これらに対して、極めて実証的な態度で感想を述べましょう。

ふう～ん。

はっきりいえば、話半分で聞いてよいと思います。古代中華帝国の正史である『漢書』『後漢書』『魏志』『宋書』『隋書』のなかの、「地理志」だの「東夷伝」だの「倭人伝」だの「倭国伝」だのと呼ばれている部分から、日本について述べていると思われる部分を抜き出しているだけですから、それに何の価値があるかといえば、「話半分」とするのが実証的な態度なのです。

中華帝国のいちばん新しい正史といえば『明史《みんし》』ですが、これは戦国時代の日本についてすら、正確に記述していません。どうしてアチラの人たちが、古代日本のことを正確に記録できていると考えるのでしょうか。

それどころではありません。現在の中華人民共和国ですら、経済統計のほとんどはでたらめです。首相の李克強《りこくきょう》によれば、彼自身が鉄道貨物輸送量、銀行融資残高、電力消費の推移の三つしか信じておらず、これは「李克強指数」と呼ばれるとか。現代中国でも数字など水増しが基本なのですから、まして中国人が書いた記録を金科玉条とするほど滑稽な態度はないでしょう。だいたい中国において「歴史」とは、「政治の最終的な勝者が好き勝手に書いてかまわない特権」です。だから「話半分」とするのが、実証的な態度なのです。

とはいうものの、仮にこの中華帝国の五つの記録を信じてみたとき、わかることもあります。ムラに毛が生えた程度の倭の国がどんどん大きくなって朝鮮を支配し、中華と自国が「対等である」と主張する事実です。『隋書』の「多利思比孤という王が無礼な手紙を寄越したので、皇帝は激怒した」というのは、中華側からすると捏造《ねつぞう》する必要が考えられないような恥ずかしい話ですから、大筋はほんとうと考えてよいでしょう。

このころには、日本も文字をもち、歴史を記しています。我が国の正式な歴史書、つまり正史である『日本書紀』によると、「多利思比孤」とは聖徳太子のこと、無礼な内容とは『隋書』の記述と同じく、「日出《い》づる処の天子、書を日没する処の天子に致す。恙《つつが》無きや（お元気ですか）」です。ここまで一致を見るならその内容は事実と考えてよいはずですが、食い違いもあります。『隋書』は「多利思比孤」を王としますが、同時期の日本は女帝の推古《すいこ》天皇です。であれば『隋書』の記述のほうが不正確だと切って捨ててもよいはずですが、日本の学者の一部には「『日本書紀』は信用できない」などと言い出す人もいるのが驚きです。

とにもかくにも、日本という国が「世界史」と本格的にかかわるようになったのは、聖徳太子からといってよいでしょう。

この七世紀は、世界的に激動の時代です。

西暦七世紀のユーラシア大陸を、西から眺めてみましょう。

四七六年に西ローマ帝国が滅んだあと、西欧は暗黒の中世の真っただ中です。

一方の東ローマ帝国（ビザンチン帝国）は、それなりの繁栄を続けています。と思ったら、ムハンマドがイスラム教を創始し、瞬く間に大帝国をつくり上げていきます。イスラム帝国はメソポタミアなどを支配し、首都をクテシフォン（現在のイラクにあった都市）に置いたサザン朝ペルシャを征服し、百年ほどで絶頂期のローマ帝国の領土を超える大帝国へと成長していきます。そこでヨーロッパは東方のイスラムを脅威に感じ、東ローマ帝国は恐怖に直面します。

その当時、インドにはヨーロッパの主権国家の規模をもつ王朝が複数存在し、チベットも大国です。中央ユーラシアには騎馬民族国家が複数存在しています。

東の果ての中国大陸には隋が建国されますが、すぐに唐にとって代わられます。長らく日本人は隋や唐をチャイニーズの国と信じていましたが、現在の研究では西方の騎馬民族が中国大陸を征服し、中国化した国だと考えられています。

東アジアでは最先端の文明をもった隋や唐に、我が日本も遣隋使や遣唐使を派遣して文物を学び、輸入して、その後、百年かけて大宝律令をはじめとする律令制を導入することとなります。

さて、現代に至っても大きな影響を与え続けるイスラム教の創始者ムハンマドと、日本史に残る伝説の偉人である聖徳太子は、同時代の人物です。ムハンマドの生誕は教徒のあいだでは五七一年とする場合が多いようです。聖徳太子は五七四年です。

二人の人生を追体験していきましょう。

ムハンマドは、貿易を営む商人でした。二十五歳のとき、十五歳年上のお金持ちの未亡人と結婚してから、ビジネスで大成功を収めます。そのときは、とくに教養ある人物とは思われていませんでしたが、六一〇年、メッカの郊外の洞窟で突如として天使ガブリエルの啓示を受けます。それが、詩にして、道徳にして、法律にして、そして宗教の教義でした。

イスラム教の誕生です。

優れた経営者タイプの指導者だったムハンマド

メソポタミア文明の時代から、西アジアは文明の先進地帯です。多くの大帝国が興亡を繰り返しました。ペルシャ人（イラン人）が支配者となった時代が長く続きましたが、この時代も、先のササン朝ペルシャが支配していました。

おそらく西アジアというより中東と呼んだほうが、日本人には馴染みがあるでしょう。ササン朝ペルシャの統治は異民族に対し寛容で、信教の自由を認めていました。アラビア半島、現在のサウジアラビアのメッカにあるカーバ神殿は、多くの宗教が集う場所でした。

ちなみにムハンマドも、啓示を受ける四年前の六〇六年、神殿改築に参加しています。そこで目にした夥《おびただ》しい数の異教の偶像にショックを受け、瞑想生活に入ったといわれます。

ムハンマドの他の宗教への態度がどのようなものだったかについては、日本のイスラム研究の大家である井筒俊彦先生の『イスラーム生誕』（人文書院、一九七九年）から引用しましょう。


ムハンマドは自分の宗教をユダヤ教（及びキリスト教）から切り離して独立させようとは考えていなかった。コーランには「啓典の民」（ahl al-kitāb）という言葉が頻繁に出て来る。彼はこの漠然とした名称の下に、ユダヤ教徒もキリスト教徒も、それからまた自分たち回教徒をも含めて、そこに何の差別も認めなかった。時と場所こそ違え、いずれも同一の「アブラハムの神イサクの神ヤコブの神」の啓示に基づく聖典を戴く同胞なのである。


つまり、ムハンマド自身は、一神教にシンパシーをもっていたのです。

ご存じのとおり、キリスト教はユダヤ教の「改革派」から生まれました。聖母マリアにイエスの誕生を告げた天使ガブリエルは、ムハンマドにも天啓を与えます。ユダヤ教も、キリスト教も、イスラム教も、同じ神（God＝アラー）を信仰しているのです。

では、あとから成立した宗教に対して、前から存在する宗教は寛容なのか？

キリスト教は旧約と新約の両方を聖書として崇《あが》めますが、ユダヤ教は『新約聖書』など認めません。『旧約聖書』などと呼ばず、たんに『聖書』と呼びます。ユダヤ教はキリスト教を認めていないのです。

イスラム教も旧約と新約の両方の聖書を聖典（コーラン）とともに崇めます。それなのに、ユダヤ教もキリスト教も、イスラム教やコーランを認めていません。あとから成立した宗教に対して、前から存在する宗教は非寛容なのです。

ムハンマドは多神教だけでなく、一神教のユダヤ教やキリスト教からも敵視されました。同時にムハンマドの生活態度も反感を買ったようです。イスラム教の教えでは妻は四人までもってよいのですが、それは後世に確立した教義であり、ムハンマドには妻が一〇人いたそうです。教祖の女性関係は敵対宗教の攻撃材料になりがちで、イスラム教は一夫一妻制の他の宗教から総攻撃を受けました。この時代は武力戦も大事ですが、信者を集めるためには論争でも勝たねばなりません。当初のムハンマドは劣勢でした。かくしてムハンマドは撤退し、六二二年、本拠地をメディナに遷《うつ》します。聖遷（ヘジラ）です。

当初、ムハンマドはユダヤ教・キリスト教共通の聖地であるエルサレムを礼拝の方向としていました。ユダヤ人に好感を与えるつもりだったとか。しかし六二四年、礼拝の方向をカーバ神殿に統一します。いろいろ模索して、ユダヤ教からもキリスト教からも独立した路線を歩もうとしたとのことです（以上、前掲井筒）。

いまでもイスラム教徒はメッカのカーバ神殿に向かって礼拝しますが、その様子を実際に見たことがある人はわかると思いますが、かなりの体力を使います。太陽が出ているあいだは唾も飲んではいけないラマダン（日中の食事を断つ断食期間）なども、簡単にできるものではありません。こうした、ある種の「体育会系」の教義は新興であるがゆえ、既存の宗教に対抗するうえで、効果的でした。肉体的修行をへた信者同士の結束が強くなるからです。

ムハンマドは優れた経営者タイプの指導者でした。決定事項も、厳しすぎるならやらなくてよいなどと、臨機応変です。修正を重ねる実践的な布教を続けたわけです。

六三〇年、信者を増やし、力を蓄えたムハンマドはメッカを無血征服し、カーバ神殿をイスラム教の神殿とします。現在、世界中のイスラム教徒は一生に一度はカーバ神殿への巡礼をしたがりますが、その起源はこのときにあります。カーバ神殿は多神教の聖地からイスラム教だけの聖地になったのです。

六三二年、ムハンマドが世を去った時点では、その勢力はペルシャを乗っ取るほどになっていました。六六一年にウマイヤ朝が成立します。いわゆるイスラム帝国です。現代に至るまで影響力を及ぼすイスラム教の誕生といえるでしょう。

現代でも、西は北アフリカのモロッコから東はパキスタンまで、イスラム教の勢力は広大です。

十七条憲法とはすなわち「日本建国宣言」だった

五九三年、聖徳太子は十九歳で摂政になります。叔母の推古天皇を支えるためです。権勢を振るう蘇我馬子《そがのうまこ》を掣肘《せいちゅう》するために登用されたとも、推古帝は中継ぎでいずれは太子に天皇の位を譲るつもりだったともいわれますが、よくわかりません。

事実としていえるのは、聖徳太子は推古天皇より先に亡くなってしまったので、位を譲られることはありませんでした。また、残された歌から見ると、未亡人の天皇と馬子は恋愛関係にあったようです。

『日本書紀』に天皇の歌が残されています。

真蘇我よ　蘇我の子らは　馬ならば　日向《ひむか》の駒　太刀ならば　呉《くれ》の真刀《まさひ》　諾《うべ》しかも

蘇我の子らを　大君の　使はすらしき

意訳すると、「蘇我のあなたは馬でいうなら日向産の名馬、太刀でいうなら輸入ものの呉の名刀。だから私はあなたを使うのよ」です。中年どうしの老いらくの恋です。

じゃあ、太子が孤立して悩むかといえば、どうなのでしょう。三人組のなかで孤立しているともいえますが、太子とて馬子の娘婿ですから、緊張関係を極度に強調する必要はないと思われます。

栄華を誇った馬子の一族も、子の蝦夷《えみし》と孫の入鹿《いるか》の代で滅ぼされました。滅ぼした藤原氏は、蘇我氏のことをこれでもか、と悪《あ》しざまに書いています。しかし、得てして結果から過去を逆算すると間違うこともあります。蘇我蝦夷や入鹿が朝廷に対して専横を極めたとして、馬子もそうだったのか。聖徳太子と一貫して仲が悪かったのか。それはわからないとしか、いいようがありません。

少なくとも、推古天皇と馬子のやりとりのように逆の事実を示す史料も存在します。馬子がどんな人か、いまとなっては正確に全体像を記す史料は残らず、断片的な史料から推測するしかないので、「太子と馬子は仲が悪かった。だから、推古天皇と馬子が接近することで太子は孤立した」などという結論は、早急にすぎると思われます。

何より太子と馬子は、もともとは共通の敵がいる盟友なのですから。

五三八年（五五二年説もあり）、朝鮮半島から仏教が伝来します。これをきっかけに、神道を司る物部《もののべ》氏と崇仏派の蘇我氏が争い、五八七年に蘇我氏が勝利します。馬子の娘婿の太子は、当然ながら崇仏派です。太子が四天王の像を彫って頭にかぶり、戦場に出陣したら勝った、などという記述も真に受ける気はありませんが、この段階で蘇我の身内であるのは明らかです。

聖徳太子といえば、十七条憲法です。その制定は朝廷での豪族の序列を決めた冠位十二階の制とともに二大偉業とされますが、現代への影響という意味では比較になりません。そもそも「存在したのか」「後世の偽作ではないか」との否定的な説から、「じつは八十五条あった」という説まで、十七条憲法には多くの説があります。聞きなれないと思うので、「八十五条憲法」を唱えている書籍として、三波春夫『聖徳太子憲法は生きている』（小学館、一九九八年）を挙げておきます。

三波春夫といわれても一瞬、誰のことだかわからないかもしれませんが、昭和史を代表する歌手のあの人です。同姓同名の別人ではありません。三波さんは独学で聖徳太子憲法を研究されていました。三波さんによれば一般的な心構えのほかに、為政者《いせい》、神主、儒者、僧に対しそれぞれが十七条ある、計八十五条憲法だったとのことです。

現在伝わる十七条憲法では、第二条が仏法僧を敬えであり、これが第三条の天皇より先に来ているのは、仏教勢力が強くなったあとの歴史改竄《かいざん》の産物とのこと。同書は一般向けに書かれていますが、内容はかなり高度です。三波さんが使っている史料は後世の偽書ではないかとの批判もあれば、たんに偽文書とは切って捨てられないとの専門家の意見もあります。神主さんが伝統的に聖徳太子を大切にしてきたことを考えれば、無碍《むげ》にはできない説でしょう。

日本の仏教のなかでも争いがあり、すべての宗派がいっせいに唱えられるお経はないそうです。日蓮宗以外の宗派は、「南無阿弥陀仏」だけは大丈夫だそうですが。その日蓮宗系の宗教をも含め、すべての神道も含めていえるのが、「聖徳太子は偉い」です。つまり聖徳太子は、日本に深刻な宗教紛争が存在しなかったことの象徴なのです。

法律の条文は、大事なことは最初のほうに書くという原則があります。聖徳太子憲法の第一条は「和を以て貴しとなす」です。和とは、我が日本国のこと。十七条憲法は日本の建国宣言といってもかまいません。日本人は謙虚なのでそういう言い方はしませんが、普通の国はでっち上げでも自国の歴史を誇るものです。

そもそも憲法とは何か。それは国家の歴史・文化・伝統そのもののことであり、それをあえて文字にしたものです。じつはそれは、現在の日本国憲法の通説でもあります。嘘だと思うなら、全国の大学で最も使われている二冊の教科書、芦部信喜『憲法』（岩波書店）か高橋和之他『憲法』（有斐閣）を開いてみてください。「アシベの憲法」とか「四人組憲法」といわれるポピュラーな教科書です。「国家の歴史・文化・伝統そのもののこと」を「実質的憲法」と表現し、「それを文字にした法典」のことを「形式的憲法」と表現しています。日本人は憲法というと、前文と一〇三条の条文からなる日本国憲法だけが憲法のすべてだと思い浮かべるかもしれませんが、あれは「憲法典」にすぎないのです。

もちろん聖徳太子憲法は、近代的な意味の憲法ではありません。司法権の行政権力からの独立、民選議員、人民の権利尊重といった近代憲法の大原則が書かれているわけではありませんから。しかし、近代憲法だけが憲法ではありません。歴史的文書も憲法なのです。

世界最古の憲法をもつことを自他ともに誇るイギリスにおいて、「マグナ・カルタ」「権利請願」「権利章典」は三大歴史的文書とされるそうです。この三つとも、現在の政治や裁判で使われる法的規範などではありません。しかし、「イギリスをかたちづくった歴史を現した文書」として、いまでもイギリス憲法の一部として扱われるのです。

では、聖徳太子憲法はどうか。仮に日本で改憲論議が巻き起こり、「これからはグローバル化の時代だから和を以て貴しとしてはいけないとしよう」などと、条文に書き込めるでしょうか。何より、書き込んだところで、日本人の千年、二千年かけて培われた体質（これを国柄という）が変わるでしょうか。変わるはずがありません。「和」こそ日本だからです。この意味で、十七条憲法は日本の建国宣言だと言い切ってよいですし、いまでも生きているのです。

六〇七年の遣唐使と「ウェストファリア体制」

さて、「倭」ではなく「和」です。「倭」とは「チビ」とか「猫背」の意味です。中国人は周辺諸国を野蛮人と見なし、勝手な名前をつける習性があります。たとえばモンゴルは「蒙古」です。「知識がなくて古くさい」という意味です。いまごろになってモンゴル共和国は「その文字を使わないでくれ」と漢字文化圏の日本に頼み込んできているようですが、歴史用語として残っているので、どうしようもありません。

我が日本の場合は、五世紀の「倭の五王」の時代は事情がよくわからずに抗議もしなかったようですが、七世紀には「和」「日本」で押し通しました。

十七条憲法に並ぶ聖徳太子の偉業が、六〇七年の遣隋使です。最近の教科書では「小野妹子が渡ったのは六〇〇年」と教えているようですが、何の意味があるのでしょうか。「倭の五王」が頭を下げて挨拶に行ったのと変わりませんから。六〇七年の遣隋使のような画期的な、特別の意味はありません。

六〇七年の遣隋使に意味があるのは、もちろん「日出づる処の天子」が「日没する処の天子」に挨拶したからです。それまでは「中華皇帝とその他の野蛮人」の関係だったのです。中国人というのは対等の関係を理解できないので、そういう外交儀礼をへなければ話が始まらない人たちです。中国の周辺諸国は「まあ、仕方ない」とそれを甘受していました。別に実害があるわけではないですし、時期にもよりますが、頭を下げれば莫大な土産品を渡して帰されることもあります。

それを太子は、毅然と取りやめたのです。「ワタシ天皇、アナタ皇帝」と。ここで「天子」であって「天皇」ではないとか、こだわる必要はありません。のちの時代に天子は天皇の別名になります。そもそも中華皇帝に対して対等の「天子」を名乗ることは、十二分な開戦の事由になります。

さて、その結果、どうなったでしょうか。何も起こりませんでした。

「隋は日本を対等と認めたわけではない」と抗弁する人もいます。では、その人に聞いてみればいい。「制裁されましたか？」と。外交関係では、制裁されなければ相手が認めたことと同じなのです。少なくとも日本は「隋と対等だ」と主張していいし、現代の日本人が「あのときから対等だった」と主張してもいい。

仮に中国人がそれを否定しても、知ったことではありません。と書くと乱暴なようですが、これが、じつは穏健な国際関係での態度なのです。

私がここで書いているのは、「ウェストファリア体制」そのものです。別名、「近代国際法体系」。

現代に至るまで、近代国家は主権国家対等の原則を認め合っています。これを認め合える国々を「文明国」といいます。国際法とは「文明国間の法」です。間違っても「違う国との歴史認識を統一しよう」などと考えてはならないのです。

中華皇帝は自分のことを、宇宙の中心であると思っていてもよい。その代わりコチラはオタクと対等な関係で付き合わせてもらう。

では、それが嫌なら、どうなるか？

軍事力で決着をつけます。

では、その結果は？　隋は日本を制裁することができませんでした。当時の隋は、高句麗《こうくり》（満洲から北朝鮮にかけて勢力を誇っていた国）への遠征を繰り返したものの大敗し、それどころではなかったからです。太子は、そこにつけ込んで、戦わずして「勝利」したのです。もちろん、それで隋が負けたわけではありませんが、日本の成功であるのは間違いありません。

ちなみに、朝鮮が同じことをしたらどうなるか。歴代朝鮮王朝は、元号は中国と同じものを使うなどはまだ可愛いほうで、時代によっては国王の後継者選びすら中華皇帝に決めてもらっていました。さらには、国の名前を強制されたこともあります。ひどいときには、勝手に国の名前を変えようとして、使者が呼び出されてもとの名前に戻されたこともあります。

六〇七年遣隋使の意味が、おわかりいただけたでしょうか。

「実在したのは厩戸皇子だけ」という言葉遊び

晩年の聖徳太子は仏道に邁進《まいしん》し、法華経の解説書を書いたり、法隆寺を建てたりしました。六二二年の死後、一族は蘇我蝦夷・入鹿親子に全滅させられました。その蘇我一族も、中大兄皇子《なかのおおえのおうじ》（天智天皇《てんじ》）に滅ぼされました。天智天皇の側近だった中臣鎌足《なかとみのかまたり》は藤原の姓を賜り、近代まで人臣では日本最高の貴族として君臨しました。

そうしたこともあって、蘇我一族は歴史書では悪しざまにいわれないはずがなく、聖徳太子は聖人化されています。そもそも「聖」「徳」など、これ以上ないほどの褒めようです。誰がどう考えても生前からこんな呼ばれ方をされたとは思えず、神格化に決まっています。

日本の古代史研究は、中世・近世・近現代よりも多くの蓄積があります。当たり前ですが、歴史が長いわけですから。そうしたなかで、多くの学説が出され、論争が戦わされました。たとえば江戸時代、国学者の賀茂真淵《かものまぶち》が『古事記』偽書説を唱えれば、弟子の本居宣長《もとおりのりなが》が『古事記伝』を記し、古代日本を語る不可欠の史料の地位を確立した、とか。

聖徳太子に関しても、長年の論争があります。最近では「不在説」まで出ています。教科書でも「厩戸皇子《うまやどのみこ》（聖徳太子）」のように記述する傾向があります。

もちろん「生まれてすぐに七歩歩いて言葉をしゃべった」だの、「一〇人の話を同時に聞き分けた」だのの聖徳太子伝説のすべてを認めるなど、歴史学者のやることではありません。しかし、「厩戸皇子は実在したが、聖徳太子は存在しなかった」と主張するのは幼稚にすぎます。その理屈でいえば、「伊勢宗瑞《いせそうずい》はいたが、北条早雲はいなかった」とせねばなりません。

先ほど「天子」を「天皇」と読み換えてよいと言い切りました。当時存在した文字に必ずしもとらわれなくてもよいという立場からです。当時存在した言葉を使わねばならないとしたら、

「幕府」や「将軍」も使えません。幕府は「柳営」、将軍は「御所様」「上様」「大樹《たいじゅ》」です。ついでにいうと、鎌倉幕府は「関東」です。こんな言葉遣いをすれば、混乱するだけです。だから当時存在した文字に必ずしもとらわれなくてもよいのです。

ただし、必ずしもというのは、一般的な理解の範疇《はんちゅう》で、歴史家が己の責任において厳密に意味をもたせたい場合に狭めて使う場合はあります。私は室町時代の本を二冊出していますが、三代将軍足利義満《よしみつ》が室町に「花の御所」を置く以前は「足利幕府」、それ以後を「室町幕府」と使い分けました。

なぜなら初代将軍尊氏《たかうじ》と二代将軍義詮《よしあきら》の時代は、現在の京都府京都市中京《なかぎょう》区にあった三条坊門こそが、幕府の権力の象徴だったからです。初代将軍尊氏の時代に実権を握った弟の直義《ただよし》は三条坊門に政庁を置き、観応《かんのう》の擾乱《じょうらん》で義詮が権力闘争を挑んだ際に最もこだわったのが、三条坊門邸の接収でした。二代将軍義詮の時代までは三条坊門こそが権力の象徴で、義満は自分が新たな権力を打ち立てた証《あかし》として室町に花の御所を築きました。そして、以後の歴代将軍は「室町殿」と呼ばれます。だから私自身は使い分けるのですが、他人が尊氏以降を便宜的に「室町幕府」と使っても目くじらを立てないようにしています。

話を戻すと、「厩戸皇子は実在したが、聖徳太子は存在しなかった」とする論者は言葉遊びをしているにすぎず、本質的な議論を何ら提示していないのです。専門家として不在論を主張したいなら、せめて私が義満以前を室町幕府と呼ばない程度の議論は示してほしいものです。

じつは、聖徳太子不在説についてはかなり詳しく調べたことがあるのですが、結局は日本の歴史への憎しみしか見つけることができませんでした。たとえば最近の学界を席巻《せっけん》し、教科書にまで影響を及ぼした大山誠一氏とその支持者の議論などは、美術史からの批判でトドメを刺されています。太子関係の美術品は大量に残っているのですが、太子が不在ならそれらの制作者は誰なのか。まさか、「法隆寺をつくったのは大工さん」などというわけにはいきません。「厩戸皇子」と答えた瞬間、それは子供の理屈ですから。

自国の歴史を大切にし、無自覚な自虐は慎もう

繰り返しますが、聖徳太子伝説すべてが史実などと主張する気はありません。ただし、我が国の正史に書かれている事柄を「『日本書紀』は信用できない」の一言で抹消するのも、いかがなものでしょうか。しかも、『隋書』のような外国の史料を優先するに及んでは。

そもそも、古代史は仮説の塊です。史料に残された文字から事実と思われる事項のみを抽出

し、それらを体系化して物語を描く。その残された文字が極端に少なく、しかも信用できる事項などごく少数である。これが「仮説の塊」と称する理由です。史料に接する態度が誠実であれば実証ですし、不真面目であれば空想です。不真面目な太子実在説もあれば、不真面目な太子不在説もありますから、誰が真面目で誰が不真面目なのかは、興味のある読者の方々が、中身を見て判断してほしいと思います。結論だけではなく。

近現代史の感覚でいえば、古代史どころか中世史、戦国時代の歴史だって「仮説の塊」です。なぜか最近は一次史料のごとく重用される『信長公記《しんちょうこうき》』など、現代の感覚でいえば「総理バンキシャ回顧録」の類《たぐい》です。武田信玄と徳川家康・織田信長のあいだで行なわれた三方《みかた》ヶ原《はら》の合戦に至っては、完全に信頼できる記述など二行で終わりです。

元亀《げんき》三年十二月二十二日、三河国三方ヶ原で武田信玄が徳川家康と応援に来た織田信長の軍を破った。

それ以外は、信憑性《しんぴょうせい》が決して高くない情報を精査し、仮説を組み立てているだけです。四百年前のことでもこれなのですから、千三百年前のことに「聖徳太子不在説」が出てくるのは仕方ないでしょうし、これからも出続けるでしょう。学問の自由です。

問題は、真の自虐です。

キリストやムハンマドは多くの超常現象を起こしています。聖徳太子どころではありません。いくら敬虔なキリスト教徒やイスラム教徒でも真面目な歴史学者は、そのすべてを事実とは認めていませんし、多くの仮説を立てて論争を行なっています。「処女懐胎は史実と認められない。イエスの実父はローマの兵士パンテラだ」という説までが存在しているのです。それでは、はたして、西洋のキリスト教圏の学者がいっせいに、処女懐胎など現実味がない、と一刀両断に切り捨てたりするでしょうか。

日本の聖徳太子不在説と教科書への記述の行きすぎを戒めるためにこそ、世界の歴史と並べてみることに意義がある。日本人は、自らの国の歴史をもっと大切にしたほうがよいでしょう。そのためにも、無自覚に自虐的な態度は慎むべきです。

引用参考文献
井筒俊彦『イスラーム生誕』（人文書院、一九七九年）
三波春夫『聖徳太子憲法は生きている』（小学館、一九九八年）

❖七世紀—聖徳太子とムハンマド

西暦年	聖徳太子
571	
574	聖徳太子、生誕
575	
577	百済、経論と造仏工・造寺工等を献上
579	新羅、調と仏像を献上
581	蝦夷、三輪山に向かって朝廷服属儀礼
583	
584	蘇我馬子、石川の邸に仏殿建造
586	
587	馬子に加勢して物部守屋を討伐
588	百済、仏舎利・僧・造寺工を献上
590	百済に派遣されていた学問尼・善信らが帰国
591	任那復興のため2万余の軍を筑紫に派遣
592	崇峻天皇を馬子が暗殺。推古天皇、即位
593	推古天皇の皇太子、摂政に。四天王寺建立開始
594	推古天皇、聖徳太子と馬子に仏教興隆の勅
595	高句麗の僧・慧慈来日、聖徳太子の師に
596	飛鳥寺、建立される
597	百済王の阿佐王子が日本に亡命
598	新羅、孔雀を献上
599	百済、ラクダ・ロバを献上
600	新羅と任那に使者、ならびに第一次遣隋使を派遣
601	斑鳩宮造営 山背大兄皇子、誕生
602	弟・来目皇子、撃新羅将軍として筑紫に
603	弟・当麻皇子、征新羅将軍に 冠位十二階を制定
604	十七条憲法を制定 朝礼を改革
605	高句麗、造仏用黄金を献上 諸王・諸臣に褶（うわも）着用を命ず 斑鳩宮に移住
606	法華経を講説
607	小野妹子を隋に、「日出づる処の天子」の国書をもたせて派遣 法隆寺創建 大倭・山背・河内に池溝を築造、国ごとに屯倉を設置
608	隋使帰隋に帰国していた妹子随伴。南淵請安、高向玄理、僧旻、恵隠らが留学
609	飛鳥寺の丈六釈迦像完成

西暦年	ムハンマド
571	このころにムハンマド、生誕
574	
575	ベドウィンのハリーマの里子に
577	母アミーナ死去、祖父アブド=ル=ムッタリブの庇護下へ
579	祖父が死去し、叔父アブー=ターリブの庇護下へ
581	
583	アブー=ターリブの商隊とともにバスラ（イラク）訪問
584	
586	フィジャールの戦い
587	
588	
590	
591	
592	
593	
594	
595	ハディージャの商隊を率いてシャーム（シリア）訪問 ハディージャ=ビンティ=フワイリドと結婚
596	
597	
598	
599	
600	
601	
602	ペルシャ戦争開始
603	
604	
605	
606	このころ、カーバ神殿改築に参加
607	
608	
609	

610		ヒラー山洞窟にて、天使ガブリエルが最初の啓示 ウドゥー（小浄）と1日5回の礼拝を実施
612	隋の煬帝、第一次高句麗遠征	
613	難波と大和を結ぶ大道を造成	
614	犬上御田鍬を遣隋使に	布教開始
615	高句麗僧・慧慈、本国帰国	第一回アビシニア移住、年内に帰還
616	新羅、仏像を献上	
617		第二回アビシニア移住
618	高句麗使、隋の滅亡を伝達	
619		妻ハディージャ、叔父アブー＝ターリブ相次いで死去 イスラーとミアラージュ（夜間飛行と昇天）
620	聖徳太子と蘇我馬子、『天皇記』および『国記』『臣連伴造国造百八十部併公民等本記』を記録	
622	2月、母・穴穂部間人皇后薨去 4月、妃・膳大郎女薨去。聖徳太子薨去 山背大兄王、異母妹・春米女王と結婚し聖徳太子の財産を継承	73人のヤスリブの代表と第二アカバ協定締結 メディナ郊外のクバーに到着、ヘジラ元年 クバーモスク建設 ヤスリブ入城、「使者の町」と命名 モスクの建設開始
623		アブー＝バクルの娘アーイシャと婚姻
624		ユダヤ教徒と断絶、礼拝の方向をエルサレムからメッカに変更 バドルの戦いでイスラム軍がメッカ軍に勝利 ユダヤ人カイヌカー族をメディナから追放 ラマダンを義務化 娘ファーティマがアリーと婚姻
625		ウフドの戦いでメッカ軍が勝利 アリーの第一子ハサン誕生
626		ユダヤ人ナディール族メディナから追放 アリーの第二子フセイン誕生
627		ハンダクの戦いでメッカ連合軍に勝利 ユダヤ人クライザ族制裁
628	推古天皇崩御	フダイビーヤの和議（メッカ・クライシュ族とのあいだの休戦条約） メディナ旱魃
629		ウムラを実施 近隣諸王にイスラム入信要請文書を送付
630		ムッタの戦いで、ローマの大軍を前に退却 メッカを無血征服 フナインの戦い、ターイフの戦いで敵部族を制圧 アラビア半島各地からメディナへ使者ラッシュ
631		イスラム国家がアラビア半島全土を支配 お別れのハッジ（メッカ巡礼）へ
632		ムハンマド死去 アブー＝バクルが初代カリフに

第2章 八世紀——平城京と聖像禁止令

道鏡の専権はビザンチン帝国の日常茶飯事

のっぺり平板な教皇の肖像画が教えること

ヨーロッパでは、ギリシャ・ローマの文明が廃れてからルネサンス（再生）までの時代を「暗黒の中世」と呼びます。日本人は「新しい時代は古い時代より進歩している」と考えがちですが、ヨーロッパには文明や技術を失った時代があるのです。それが「暗黒の中世」です。

たとえば、絵です。ローマ美術は、じつに立体的で写実的です。ところが中世になると、途端に平板になります。典型的な子供の絵のような、いまどきの小学生だってもう少しはマシに描くかもしれない、のっぺりとした立体感のない肖像画です。しかし、これはワザとそう描いてあるのです。写実的な絵を描くと、神様と同じ目をもっている画家ということになって不敬ということになり、瀆神《とくしん》という罪になります。だから、ワザと平板に描くのです。

写実的で写真のような絵画は、ルネサンス以降に再び現れます。逆にいえば、瀆神にとらわれない、キリスト教によって歪められる前の真の人間の美しさを取り戻そう、文化として表現しようとしたのがルネサンスです。ルネサンスは、「人間だって自由意志をもってよいのだ」とする思想です。これを人文主義（ヒューマニズム）といいます。そうなる前の暗黒の時代が、八世紀のヨーロッパに展開した聖像禁止令に象徴されています。

かたやそのころ、我が日本は平城京でひと花咲かせていました。平城京にはペルシャ人がウヨウヨと歩き回っていました。イスラム教徒もいれば、ネストリウス派のキリスト教徒もいました。ネストリウス派のキリスト教は、日本では景教《けいきょう》と呼ばれました。

ちなみにネストリウス派は、現在ではカトリックとプロテスタントの双方に「異端」認定され、絶滅させられています。一五四九年のフランシスコ・ザビエル来航を「キリスト教伝来」と記しているのは嘘です。ほんとうはネストリウス派が奈良時代に来ているのです。これは『国史大辞典』（吉川弘文館）の「景教」の項目にも「七三六年に伝来した」と書いてある事実です。

それでは、頑《かたく》なで聞き分けのないキリスト教のヨーロッパと、融通が利きすぎるくらいノンキな日本の状況を、平城京と聖像禁止令を並べることで見ていきましょう。

宮廷の陰謀が大好きなビザンチン帝国

ローマ帝国の東西分裂（三九五年）は、「腐敗した西を捨てて、東でやり直そう」との目的で行なわれました。事実、西ローマ帝国はその後、百年足らずで滅びました。東は何だかんだ「千年の都」として復活します。つまり、東ローマ帝国は、西ヨーロッパより文明的だったのです。では、その文明とはどの程度か。

オリエンタル・デスポティズム（oriental despotism）という言葉があります。「東洋的専制」と訳されますが、ビザンチン帝国がその典型です。宗教に対して皇帝の専制が優位であり、したがって宗教原理主義がないというのが特徴です。その意味では、西ヨーロッパの「暗黒の中世」が宗教戦争の泥沼や異端審問（魔女狩りはその一つ）の横行で、野蛮を極めたよりはマトモです。

しかしその衰退は、あっという間に訪れます。七世紀のところで見たように、勢力を伸ばしたイスラム帝国は、六九八年にはカルタゴを占領します。そして瞬く間に北アフリカのビザンチン帝国領のすべてを奪いました。

ビザンチン帝国が北アフリカを失ったのは、かなり痛手です。当時は北ヨーロッパよりも、地中海アフリカのほうが先進地域でした。パリ、ロンドン、ベルリンは世界の近代の最先進地域でも何でもありません。それぞれ緯度が四八度、五一度、五二度で、札幌の四三度よりもさらに北に位置します。こんな地域を先進的だとするのは、現代のイメージを投影しすぎでしょう。

そもそもエジプトは文明の曙《あけぼの》であり、アレキサンダー大王がエジプトに勝ったのはヨーロッパが初めてオリエントに勝ったエポックメイキングな出来事であり、ローマは対岸のチュニジア（カルタゴ）をとって地中海を牛耳る大帝国となって繁栄しました。

一時期、ゲルマン民族の一派であるヴァンダル族に奪回されるものの、その後、ビザンチン帝国がカルタゴを奪い返したと思ったら、ぽっと出のイスラム帝国にあっという間に奪われてしまいました。

ちなみにヨーロッパ人はローマ帝国を文明の絶頂と誇りますが、イスラム帝国は建国百年で絶頂期のローマ帝国よりも広い地域を版図《はんと》にしました。ビザンチン帝国がいかに弱いか。西ヨーロッパはもっと弱いのですが。

その後、ビザンチン帝国はつねにイスラム帝国の侵略に怯《おび》えざるをえなくなります。外で戦って勝てないと、内輪揉めが始まるのは世の常です。

ビザンチン帝国の特徴は、宮廷の陰謀です。前身のローマ帝国自体、末期になると陰謀による皇帝の暗殺や廃位が頻発しますが、東ローマ帝国周辺にも陰謀が絶えません。たとえば七一〇年、日本で平城京遷都が行なわれた年ですが、ローマ教皇コンスタンティヌスの暗殺を図ったかどで、時のビザンチン皇帝はラヴェンナ大司教フェリクスをコンスタンティノープルへ連行し、盲目刑に処しています。

ビザンチン帝国は目をつぶすのが好きです。捕虜が一〇〇人いたら九九人の両目をつぶし、一人だけ片目をつぶして道案内させ、敵の土地に戻して恐怖を与える。これは「ブルガリア人殺し」の異名をとった十一世紀のマケドニア朝皇帝バシレイオス二世の有名なエピソードですが、そんなことばかりやっているのです。

最強の要塞都市・コンスタンティノープル

取り上げておいてなんですが、八世紀のビザンチン帝国に、あまり愉快な話はありません。イサウリア王朝初代皇帝のレオン三世が反乱によって即位するとか、即位したところで何ということもなく無様にイスラム帝国にコンスタンティノープルを包囲されるとか、シチリアでストラテゴスと呼ばれる行政官兼軍団司令官が反乱を起こし、レオン三世とは別の皇帝を建てようとして混乱してしまうとか。

年表には七一八年に首都包囲のイスラム帝国を撃退とありますが、これは当然のことで、コンスタンティノープルは極めて強固な要塞都市でした。東ローマ帝国は次々に領土を失っていきますが、コンスタンティノープルだけは保持しました。オスマン・トルコ軍によってついに滅亡させられた一四五三年も、門番が鍵をかけ忘れていった、その一点で突破されたとされています。それほどコンスタンティノープルは難攻不落の要塞でした。

そもそも、籠城は追い込まれたほうが負けです。籠城というのは、たんに殺されないためだけの作戦です。最悪の負け方を脱するためではあるものの、籠城している時点ですでに包囲されているわけですから、絶対的に不利なことには変わりません。

しかも、当時の戦はすべて略奪です。城そのものは難攻不落でも、城の外を荒らし回り、住民たちに対して、「もはやおまえたちの昨日までの支配者におまえたちを守る能力はない」ということを示せるのです。

これが日本の戦国時代でいう「焼き払い」です。ただし、日本とは違ってユーラシア大陸の人たちは、それをされるのが嫌ですから、都市全体を壁で囲ってしまいます。それが国の最小単位として残るというだけのことで、コンスタンティノープルはその白眉だった、というだけのことです。

七一九年、先々代皇帝のアナスタシオス二世がクーデターを起こそうとして失敗しました。このとき先々代皇帝アナスタシオス二世は、かつての部下たちやブルガリア帝国を誘って陰謀をめぐらしています。ブルガリア人はスラブ民族で、コンスタンティノープルから見ると東北から南下してきてバルカン半島を併呑していった帝国です。宮廷の陰謀に勝つためなら、外国勢力とでも結ぶ。ビザンチン帝国の陰謀は何でもありです。

同時期の七二三年、日本で墾田奨励のために開墾者から三世代（または本人一代）までの墾田私有を認めた三世《さんぜ》一身法《いっしんのほう》ができた年、あちらでは教皇グレゴリウス二世が、皇帝レオン三世の重税に反抗してコンスタンティノープルへの税の輸送を禁止しています。これはビザンチン皇帝への大逆罪と判断されました。ビザンチン皇帝はローマ教皇より偉いのです。だから、謀反です。ただ、謀反人を罰することができるかどうかは、力関係です。

イタリア半島統治のためにラヴェンナに設置したラヴェンナ総督の任にあったパウルスは、ローマに進軍してグレゴリウス二世を罰しようとしましたが、ローマ市民に阻止されます。ラヴェンナでは皇帝派と教皇派のあいだに戦乱が起こり、パウルスが殺されます。

このころ、日本の平城京では、藤原鎌足の次男である藤原不比等《ふひと》の四人の息子（武智麻呂《むちまろ》、房前《ふささき》、宇合《うまかい》、麻呂）である藤原四兄弟が、対立した皇族の長屋王《ながやおう》を陰謀で自決に追いやりました。長屋王の変です。王の家族の五人が連座して自決に追いやられました。

日本史では陰険な陰謀の代表のようにいわれますが、この程度の陰謀など、同時代のビザンチン帝国では日常行為です。

聖像破壊令と同時代に生まれた奈良の大仏

七二六年、レオン三世が聖像破壊令を発布します。

いまでもキリスト教の宗派によっては、聖像をはじめとする偶像を「拝んではいけない」と布教するところもあります。偶像とは神様という唯一の存在の本物ではないもの、つまり偽物で、私たち日本人でも知っている言葉でいえば〝アイドル〟です。偽物だから禁止するということですが、ローマ帝国では聖像の崇拝は、長らく公認されていました。ですから聖像破壊令は、要するに、東と西の喧嘩である、ということになります。

七三〇年、皇帝レオン三世がコンスタンティノープル総大主教ゲルマノスを罷免していますが、これは皇帝のほうが強く、宗教をも主導する皇帝専制であることの一例です。レオン三世は反対者をさらに迫害していきますが、ローマでは教皇グレゴリウス二世が聖像破壊令を非難し、ナポリとシチリアがそれに賛同しました。西方キリスト教（カトリック）では、聖像崇拝容認のほうが優位です。

七四一年、東ローマ帝国はエクロゲー法典を定めます。女性と子供の権利を強調する一方、離婚が制限されたり、当時、東方世界で慣習化していた残酷な体刑が取り入れられたりしました。裁判官に対する贈賄を防ぐため、裁判官の月給制も決められています。これは、キリスト教会法を参考にした法だとされています。

七五二年、日本では東大寺で大仏開眼《かいげん》が行なわれました。いまでも親しまれている「奈良の大仏さん」です。もっとも、聖武《しょうむ》天皇がつくったオリジナルは源平合戦のときに、さらに戦国時代にも焼けてしまいましたので、いまの「奈良の大仏さん」はその後、つくり直したものです。

それはさておき、レオン三世の子で次代皇帝コンスタンティヌス五世も聖像破壊をひたすら引き継ぎ、マリア像などを徹底的に破壊せよと命令します。コンスタンティヌス五世は七五四年、ヒエレイア教会会議で聖像禁止を決議させました。

七五六年、目の上のたんこぶだったイスラム帝国が分裂してくれました。イベリア半島に後ウマイヤ朝が興《おこ》ります。現在のポルトガルとスペインはイスラム教徒に占領されたまま、カトリックの信仰を守っていました。異教徒の占領下で信仰を守るとは、たいへんなことです。放っておけば、イスラム教に改宗する人間が続出します。現に、いまでもスペインやポルトガルに行けばわかりますが、イスラム様式の建物をそこら中で見学できます。では、なぜスペインやポルトガルはキリスト教の信仰を守れたのか。

裏切り者を殺し続けたからです。イベリア半島では、異端審問が盛んに行なわれます。異端審問とは、「正しい信仰をもっていないかもしれない」人間を裁判にかけて処罰していくことです。裁判といっても、いまの裁判のようなものではありません。魔女狩りを思い浮かべてください。実際、魔女狩りは異端審問の一種ですから。

たとえば教会から「魔女かもしれない」と疑われたら、捕まえられます。魔女が逃げたらたいへんですから。そして、重い石を括《くく》りつけて池に沈めます。沈んだら人間、浮かんできたら魔女なので火あぶりにします。どちらにせよ死刑ではないかと思われるかもしれませんが、そのとおりです。神の名によって疑われたこと自体が有罪の証拠なのです。この話を聞いて「女の人はたいへんだなあ」と思ったら、甘い。「魔女は男にも化けられる」などと魔女狩りで火あぶりにされた男性もたくさんいます。

近代刑事裁判では「推定無罪」が大原則ですが、それは、こうした「推定有罪（死刑）」の時代への反省からなのです。

東ローマ帝国は西ヨーロッパよりはマシですが、事あるごとに目つぶしです。

七八〇年、イサウリア朝最後の皇帝である女帝イレネが登場し、聖像破壊政策を緩和しました。コンスタンティノープルの総司教は俗人出身の人物に変更されます。イレネは七八七年、キリスト教の全教会規模の会議である第二回ニカイア公会議を開き、ここで聖像崇拝が公式に復活します。と思うとイレネは、あろうことか、息子コンスタンティノス六世の目をつぶして帝位を簒奪《さんだつ》しました。

日本史最大の悪人とされる道鏡の正体

ことほどさように、ビザンチン帝国の歴史を繙《ひもと》くと、陰湿な陰謀にあきれるばかりです。

ビザンチン帝国がアラブ人のイスラム帝国に北アフリカを奪われているころ、日本は文武《もんむ》天皇の治世です。七〇一年、大宝律令《たいほうりつりょう》を制定して国の根本法とします。ちなみに、大宝律令の正式廃止は一八八五年の内閣制度創設です。

驚くべきことに、大宝律令（正式にはその改正である養老律令）は、江戸時代でも法として生きています。一例を挙げましょう。一八三七年の大塩平八郎の乱のとき、謀反を起こした大塩には三歳の次男がいました。江戸幕府の法には幼年者の規定がなく、単純に連座制を適用すれば死罪です。しかし、林大学頭《はやしだいがくのかみ》が七歳以下の子供は死刑にしてはならないとする「文武帝之律」を適用すべきだと進言し、遠島《えんとう》に処したという事例があります。江戸時代は幕府法も藩法も律令を参考に制定しているので、解釈で採めたときには立法趣旨を参考にするのが通例だったようですが、直接適用もされたようです。以上は、島善高『律令制から立憲制へ』（成文堂、二〇〇九年）四〜八頁を参照してください。

話を戻して、七一〇年。平城京に遷都がなされます。実際に遷都を行なったのは次代の元明《げんめい》天皇ですが、計画されたのは文武天皇のときでした。

日本の奈良時代は、しばしば宮廷の派閥抗争として語られます。政権担当者は、藤原不比等→長屋王→藤原四兄弟→橘諸兄《たちばなのもろえ》→藤原仲麻呂→道鏡と移り変わります。

大物の藤原不比等が死んで皇族の長屋王が登場する。長屋王政権を藤原四兄弟がひっくり返す。藤原四兄弟が伝染病で次々に死んで、皇族の橘諸兄に代わり、学者の玄昉《げんぼう》、吉備真備《きびのまきび》が重用される。橘諸兄の息子の奈良麻呂が藤原仲麻呂に取って代わられ、その藤原仲麻呂の専制を称《しょう》徳《とく》上皇が道鏡を使って叩きつぶす……。

とはいえ、そこでビザンチン帝国のように政敵の目をくり抜くような陰惨な争いは、一度も起こりません。

理由は二つあります。

一つは、軍隊の過半数を押さえたくらいでは、日本ではクーデターは成功しないという文化があることです。軍隊の過半数を押さえること自体なかなか難しいのですが、日本において圧倒的な軍事力をもつことよりもはるかに大切なのは、天皇の御璽《ぎょじ》（天皇の印章）を握ることです。仮に軍勢を率いて都に押し寄せても、「天皇に逆らう気か」といわれれば、兵たちは蜘蛛《くも》の子を散らすように逃げてしまいます。

現在の憲法でも、衆議院の解散は天皇の国事行為です。総理大臣が奏請した詔書を衆議院議長が読み上げると、衆議院が解散され、総選挙が始まります。詔書とは、天皇の最も格式の高い命令で、戦争のときくらいにしか出ない重い意味があります。衆議院の解散というのは、じつは内戦の代替なのです。別の言い方をすれば、奈良時代の何度か起きた内乱は、「少しくらい人が死ぬ衆議院総選挙」なのです。

もう一つの理由は、外国勢力を引き込まないことです。当時の東アジアの大帝国の唐は騎馬民族国家で、西方に目が向いていました。では、朝鮮半島の新羅《しらぎ》はどうかというと、日本に平身低頭です。この国は唐が後ろ盾につくと居丈高ですが、自分一人で日本と張り合う気概はありません。

天平七（七三五）年には、新羅が日本の許可なく「王城国」と国号を改称したので叱責され、撤回しているほどです。奈良時代の日本には、外国の脅威が皆無なのです。

奈良時代は、『古事記』『日本書紀』『風土記《ふどき》』が誕生し、律令制が固まり、大仏をつくり……といった具合に文化が花開きます。先に述べたように、平城京は、ペルシャ人のイスラム教徒やネストリウス派のキリスト教徒が歩き回る国際都市でした。

もちろん、なかには外国かぶれも出てきます。

四文字の元号が存在するのも、日本ではこの時代だけです。天平感宝《かんぽう》、天平勝宝《しょうほう》、天平宝字、天平神護《じんご》、神護景雲と五つありました。一説には、聖武天皇の光明《こうみょう》皇后が唐の則天武后の習いに準じたものだといわれています。

なかには藤原仲麻呂などという、官号の唐風化計画をはじめ、日本を中国風にしようとした人物もいましたが、謀反を企てたかどで、あっという間に失脚してしまいます。

宗教問題でいえば、奈良のお坊さんはさっそく、腐敗していきます。しかし、当時の僧侶はすでにたんなる荘園領主にすぎません。平城京に、宗教原理主義的なものは何もありませんでした。もちろん異端審問など一度もありません。

長らく日本史最大の悪人とされてきたのが、道鏡です。称徳天皇に取り入り、民間人にもかかわらず天皇になろうとしたからです。ただ、それもどこまでほんとうかと疑われています。

道鏡は称徳上皇の愛人だったといわれていますが、どうもそうではないようだという説もあります。道鏡の左遷先である現・栃木県下野《しもつけ》市の龍興寺《りゅうこうじ》に、道鏡の墓と伝えられる塚が残っています。文武天皇から桓武《かんむ》天皇までの治世を記録した『続日本紀《しょくにほんぎ》』には、「道鏡は庶人として葬った」と書かれていますが、塚はどう見ても貴人用の体裁です。

じつは道鏡は巷間《こうかん》に伝わるような悪行を働いておらず、高僧の名誉を十分に保ったまま死んだのではないか、と疑われる所以《ゆえん》です。むしろ宮廷陰謀の犠牲者ではないかとの見方もできるのです。

仮に『続日本紀』に書かれた道鏡の所業がすべて事実だとしても、これくらいのことはビザンチン帝国では日常茶飯事です。

もちろん、道鏡が専権を振るったのは確かです。また、「臣下を天皇にしてはならない」との宇佐神宮の託宣を伝えた和気清麻呂《わけのきよまろ》にも報復しています。とはいえその報復とは、別部穢麻呂《わけべのきたなまろ》に改名させて都から追放した、というだけです。

ビザンチン帝国から見れば、子供の遊びですらありません。

それでも道鏡は配流される清麻呂に刺客を送ったとか。これで殺してでもいれば真面目な(?)話ですが、清麻呂はどこからともなく現れたイノシシに守られて事なきを得たとか。

やはりノンキな国です。

なお、この話がもととなり、清麻呂を祀《まつ》る京都の護王神社では、狛犬の代わりにイノシシが鎮座ましましています。

引用参考文献
島善高『律令制から立憲制へ』（成文堂、二〇〇九年）

❖八世紀―平城京と聖像禁止令

西暦年	平城京	西暦年	聖像禁止令
692		692	ビザンチン帝国皇帝ユスティニアヌス二世が、コンスタンティノープルの地位をローマと同等に置くと決議
698		698	イスラム帝国がカルタゴを占領、北アフリカのビザンチン帝国領が消滅
701	文武天皇、大宝律令（日本初の本格的法典）を制定。翌年、施行	701	
708	平城遷都の詔	708	
710	平城京遷都	710	教皇コンスタンティヌスに対する暗殺計画が発覚。陰謀に加担したとしてラヴェンナ大司教フェリクスをコンスタンティノープルへ連行し盲目刑
712	太安万侶が『古事記』を撰上。『風土記』編纂開始	712	
714	首皇子（おびとのみこ・聖武天皇）が元服、立太子	714	
716	多治比県守を遣唐使に任命、吉備真備、玄昉、阿倍仲麻呂らが留学 藤原光明子、皇太子妃に	716	
717	行基の活動（行基集団）を違法として禁止	717	レオン三世が反乱を起こして即位し、イサウリア王朝を創始 イスラム帝国が718年までコンスタンティノープルを包囲 シチリアのストラテゴス（将軍職）がレオン三世とは別の皇帝を建てようとして混乱（718年まで）
718	藤原不比等ら、養老律令を撰定	718	首都包囲のイスラム帝国を撃退
719		719	先々代アナスタシオス二世のクーデター失敗
720	舎人親王が『日本書紀』を撰上	720	
722	墾田百万町歩の開墾を計画	722	
723	三世一身法の施行	723	教皇グレゴリウス二世が、レオン三世の重税に反抗してコンスタンティノープルへの税の輸送を禁止
724	首皇子が即位（聖武天皇）	724	
726		726	レオン三世、聖像破壊令を発布
728	聖武天皇の皇子基王、2歳で没	728	
729	長屋王の変。光明子、光明皇后に	729	
730		730	レオン三世、聖像破壊令に反対するコンスタンティノープル総大主教ゲルマノスを罷免 聖像破壊を強化して、帝国内の修道士たちを迫害
731		731	教皇グレゴリウス三世、聖像破壊令を非難
732	多治比広成らを遣唐使に任命	732	
735	王城国に国号改変した新羅の拝朝を不許可	735	
736	ペルシャ人の李密翳が聖武天皇に拝謁、位階授与	736	
737	天然痘流行。房前、麻呂、武智麻呂、宇合と、相次いで藤原四兄弟死去	737	
738	阿倍内親王（孝謙天皇、称徳天皇）が立太子、橘諸兄が右大臣に	738	
740	聖武天皇と光明皇后、智識寺の盧舎那仏を拝観 大宰府で藤原広嗣の乱 聖武天皇、東国行幸に出発。恭仁京に行幸 国分寺・国分尼寺建立の詔 墾田永年私財法の制定 盧舎那大仏造顕発願の詔	740	アクロイノンの戦いでビザンチン軍がイスラム帝国を撃退

741		レオン三世、私法と刑法のガイドブック「エクロゲー法典」公布
744	難波京を皇都とする	
745	行基を大僧正に任命	
	都を紫香楽宮から平城京に戻す	
749	聖武天皇譲位、阿倍内親王が即位（孝謙天皇）	
750	藤原清河らを遣唐使に任命	
751		ランゴバルト人、ラヴェンナを占領
		フランク王国で小ピピンが即位、カロリング王朝を創始
752	東大寺大仏、開眼	
753		コンスタンティヌス五世、マリア像などの徹底破壊を命令
754	唐僧・鑑真、東大寺で、聖武上皇、光明皇太后、孝謙天皇に授戒	ヒエレイア教会会議にて聖像禁止が決議
		フランク王小ピピン、ローマ教皇に土地を寄進
756	聖武上皇崩御	イベリア半島に後ウマイヤ朝。イスラム帝国が分裂
757	養老律令を施行	
	橘奈良麻呂の変	
758	孝謙天皇譲位、大炊王が即位（淳仁天皇）	
	藤原仲麻呂、恵美押勝の名を賜る	
759	鑑真が唐招提寺を創建	
760	恵美押勝が太師に	
761	淳仁天皇と孝謙上皇が対立、上皇が国政を掌握	
763		コンスタンティヌス五世、アンキアロスでブルガリアに勝利
764	恵美押勝の乱	
	孝謙上皇、道鏡を大臣禅師に	
	孝謙上皇、淳仁天皇を廃して淡路島に配流、重祚して称徳天皇に	
765	道鏡、太政大臣禅師に	
766	道鏡、法王に	
769	道鏡を皇位に就けよという宇佐八幡宮の宣託	
	和気清麻呂、道鏡即位を否定する宣託を報告し配流	
770	称徳天皇が崩御。道鏡、下野薬師寺に送還	
	白壁王が即位（光仁天皇）	
771		カール大帝が唯一のフランク王に
780		レオン四世皇后・イレネ、聖像破壊政策を緩和
781	光仁天皇譲位、山部親王が即位（桓武天皇）	
784	長岡京に遷都	イレネ、俗人の官吏・タラシオスを総主教に
787		第二回ニカイア公会議。聖像崇拝が公式に復活
797		イレネ、息子コンスタンティノス六世の目をつぶして帝位を簒奪。ビザンチン帝国初の女帝に
798		フランク王国、アヴァールを制圧
800		フランク王カール、西ローマ皇帝として戴冠
805		スラブ人からペロポネソス半島を奪回
811		ニケフォロス一世のブルガリア遠征
813		ブルガリアが逆襲、コンスタンティノープルを包囲

西暦年	平城京	西暦年	聖像禁止令
815		815	レオン五世、聖像破壊を復活
820		820	ミカエル二世、レオン五世を暗殺して即位し、聖像破壊政策を緩和 スラブ系軍人トマスの反乱
827		827	イスラム帝国、クレタ島を占領
829		829	ミカエル二世の子・テオフィルスが即位し、聖像破壊令を支持
838		838	イスラム帝国、小アジアに侵入
842		842	ビザンチン皇帝テオフィルス、死去
843		843	テオフィルス皇后テオドラ、聖像崇拝を復活
860		860	キエフ・ルーシ、コンスタンティノープルを攻撃
863		863	ラカオン川の戦いでミカエル三世がイスラム帝国を撃破
867		867	バシレイオス一世がクーデターで即位し、マケドニア王朝を創始
869		869	第四回コンスタンティノープル公会議。聖像崇敬の容認を確認

第3章

九世紀——桓武天皇とカール大帝

「欧州統一」は「蝦夷平定」に毛が生えた程度？

混沌の西ヨーロッパに突如、誕生した英雄

中世、すなわち暗黒の世紀は、いつ始まったか。ローマ帝国の末期です。国境防衛を傭兵に任せ、市民はパンとサーカスに明け暮れる。尚武の気風は薄れ、精神が退廃することにより、帝国の堕落は始まりました。

毎晩のように繰り返される乱痴気パーティー。晩餐に鳥の羽は必需品で、食べては鳥の羽を喉につっこんで吐き、また食べるという馬鹿騒ぎを一晩に何度も繰り返します。男女の乱交などは可愛いもので、父と娘、母と息子が近親相姦で、かつ父と息子、母と娘もまた近親相姦。そしてキリスト教の公認と国教化は宗教的寛容だけでなく、ローマが誇った文明を失わせました。たとえば上下水道の技術は失われ、道には糞尿が垂れ流されます。聖書以外の知識が軽視され、技術を失っていったからです。

三九五年のローマ帝国東西分裂以降、西は捨てられたようなものでした。四七六年にゲルマン人の傭兵隊長オドアケルが侵略を始めると、なす術《すべ》もありませんでした。オドアケルは東ローマ帝国と通じて西を乗っ取りますが、すぐに暗殺されます。以後、まともな秩序がありませんでし

た。

そうした混沌《こんとん》の西ヨーロッパに、約五百年ぶりに威風堂々たる英雄が現れました。カール大帝です。カールはフランク王国を帝国に押し上げた、西ヨーロッパの英雄です。我が国でいえば、第五十代・桓武天皇と同時代人です。千年の都と称される平安京をつくった天皇です。

そんな時代を見ていきましょう。

カールはなぜ大帝と呼ばれるようになったのか

なぜ西ローマ帝国は滅びたのか。東方のフン族に追い立てられたゲルマン民族は西方に大移動し、より弱い西ローマ帝国を蹂躙《じゅうりん》しました。要するに、いちばん弱かったから滅ぼされたのです。勃興するイスラム帝国の脅威にビザンチン帝国はつねに脅かされましたが、西も同じです。ビザンチン帝国が北アフリカを奪われ、さらにイベリア半島に上陸されたからです。ピレネー山脈が、かろうじて守ってくれているだけでした。

七三二年に、フランク王国のカール・マルテルはフランス中西部のトゥール・ポワティエの戦いで、サラセン人（イスラム教徒一般を指す言葉）の侵攻を食い止めました。なぜか日本の歴史教科書では、これを試験問題出題必須の対象として覚えさせられます。実際は、侵略されなかっただけの話です。別にフランク王国のほうから領土をとりに行ったわけでもありません。ヨーロッパ人というのは、イスラムなど東方の人たちに「負けなかった」というだけで英雄譚に仕立て上げます。

我々は古代からずっと世界最強最大なのだ、のようなことを言い続けていますが、さすがにヨーロッパのエリートは嘘だと知っています。その動かぬ証拠の一つが「オリエント急行」です。オリエント、つまり東方に憧れているから、「オリエント」という名前がついているのです。ヨーロッパの貴族やエリートが何を考えているかは文献資料には出てきませんが、そうした動かぬ証拠が出てきたとき、年表を眺めながら絶対に確実な事実を集めていくと、教科書に書いてあることは嘘だということがわかってきます。トゥール・ポワティエの戦いなど、どうして日本人が覚えなければいけないのか、さっぱりわかりません。

そんなユーラシア大陸の西の果ての辺境の地、西ヨーロッパに生まれたのがカールです。カール・マルテルの孫にあたります。

七七一年、カールはフランク王国の全領土を相続します。本拠地はいまのフランスあたりです。周辺諸国と戦い続け、高い勝率を誇ります。現在のドイツ・イタリア・オーストリアでは勝ち、イベリア半島では勝てませんでした。

フランク王国は分割相続が常で、カールも弟のカールマンと共同統治でした。カールマンの死後は一人で王国を支配します。仏独伊の三国、それに、あいだにあるベルギー・オランダ・ルクセンブルクの六カ国が結束することから、いまのEU（欧州連合）は始まりました。見ようによってはEUとは、カール大帝の栄光を再現しようとする試みです。

それはそうと、西ヨーロッパで統一戦争を繰り広げたカールも、イスラムには勝利していません。カール大帝も日本の歴史教科書では必須の人物ですが、じつは辺境のマイナー人物なのです。

当時の世界を語るなら、どう考えてもカールよりハールーン・アッラシードのほうがはるかに重要人物です。といわれて、ピンとくる日本人がどれだけいるでしょうか。

ハールーン・アッラシードは七六三年（七六六年とも）生まれで八〇九年没の、まさにカールと同時代の人物です。七八六年から死ぬまでアッバース朝のカリフ（イスラム教の最高指導者）でした。『千夜一夜物語（アラビアンナイト）』に登場する王様、といえばわかるでしょうか。ハールーン・アッラシードは三度もビザンチン帝国に親征して勝利しています。さらにその辺境のカールとは、格が違いすぎます。ハールーン・アッラシードを無視して、カールが世界の中心に存在したなどと記述するのは、偏向がすぎるでしょう。これでは「人類の曙から我々は世界の中心なのだ」と記述している韓国の歴史教科書を笑えません。

さて、カール大帝に戻りましょう。

そもそも、なぜカールが大帝と呼ばれるようになったのか。征服戦争に勝利した皇帝が大帝なのですが、そもそもカールは皇帝になった最初のフランク国王なのです。

時のローマ教皇レオ三世は、守銭奴で陰謀好きの俗物でした。だから人に嫌われていて、あるときなど町で捕まってリンチにあっています。あやうく目をくり抜かれそうになったところを、命からがら逃げ出してカール大帝に助けられています。そこで「お礼として、浮いていた西ローマ帝国の帝冠を授けよう」となったのです。八〇〇年十二月二十五日、サン・ピエトロ大聖堂で戴冠式が行なわれます。

これでフランク王国は西ローマ帝国の後継国家となるのですが、実態はそれまでと変わりません。カールも困惑したようです。まず、東ローマ皇帝の冠を戴くビザンチン帝国との関係はどうなるのか。カールは外交に腐心することになります。もっとも、レオ三世は首位権をもつ東に対抗させようとカールに無理やり冠をかぶせたのですが。結果、大商業都市のヴェネチアを譲り渡すことで「フランクの皇帝」の地位を得ましたが、かなり高い買い物となりました。結局、キリスト教世界の首位権は東のままです。

さらに、教皇の皇帝に対する優位も確定しました。軍事的に強い世俗の皇帝に権力をもたせて洗脳してしまえば、労せずして、責任をとらずに権力だけを振るえて権威が保てる状態が手に入る、これが教皇の本音です。ヨーロッパ中世の歴史とは、ローマ教皇を頂点とする宗教勢力と皇帝を中心とする世俗勢力の抗争にほかならないのですが、こういう教皇ばかりだと争いごとが絶えないのも頷《うなず》けます。

なお、フランク〝帝〟国は大帝の死後、またもや分割相続され、西ヨーロッパではさらに百年の分裂が続きます。こうしてみると、カール大帝って、何をした人なのかよくわからなくなります。

「東北の日本化」を完成させた桓武天皇

七世紀の天智天皇から天武天皇の時代にかけて、日本は完全に朝鮮半島から引き揚げ、対馬が西の国境線として確定しました。その一方、東に目を向けます。大和朝廷の時代からの課題であった、東北を日本にする事業を完成させた人が桓武天皇です。青森県までが日本になりました、というのが桓武天皇の最大の功績です。他の国の人にとってはどうでもいいことかもしれませんが、日本人にとっては大事な人物です。

桓武天皇といえばもう一つ、千年の都・平安京をつくったということがいわれます。日本の教科書は桓武天皇の功績として、平安京をつくったことを上に、蝦夷《えみし》征伐を下に見る傾向がありますが、千年の都としての平安京を完成させたのは、じつは桓武天皇ではありません。平安京が千年の都になったのは桓武天皇の息子、第五十二代嵯峨《さが》天皇の御代《みよ》からです。

古来から奈良時代に至るまで、都は永住するものではありませんでした。割り箸が汚れたら捨てるがごとく、遷都し続けるものだったのです。聖武天皇などは生涯に三回も遷都（恭仁《くに》京《きょう》→難波《なにわ》京《きょう》→紫香《しが》楽宮《らきのみや》）したあげく、ぐるぐる回って結局、平城京に戻ってきます。桓武天皇も同様で、千年の都という意識などはありません。教科書では、税金が高くて民が苦しんでいるから、そのしがらみを解くために遷都を受け入れたことになっていますが、平安京が千年の都になったのは、そこではありません。

小著『日本一やさしい天皇の講座』（扶桑社新書、二〇一七年）、『国民が知らない 上皇の日本史』（祥伝社新書、二〇一八年）でも詳しく述べましたが、千年の都・平安京は、遷都の十六年後、八一〇年の薬子《くすこ》の変で確定しました。桓武天皇の長男で第五十一代平城《へいぜい》上皇が旧都・平城京に戻ることで「二所朝廷《にしょちょうてい》」と呼ばれる政治状況になります。諡《おくりな》が「平城天皇」で、別名「ならてんのう」とも呼ばれる方です。よほど平城京が好きだったので、この名が贈られました。

それはともかく、現職の天皇が平安京に、先代の天皇である上皇が平城京にあり、朝廷は分裂します。これを嵯峨天皇が鎮圧しました。これが薬子の変です。以後、造作事業もやめ、もちろん遷都もしません。鎌倉時代の平清盛が一時的に福原（現在の兵庫県神戸市）に遷った以外は、一八六七年の明治維新まで、京都が日本の首都です。

千年の都・平安京を桓武天皇の功績にするのは、結果論からすればそのとおりですが、あくまでも結果論です。温厚な人柄の嵯峨天皇がお父上の功績にして差し上げたというところです。

莫大な負担になった蝦夷征討と平安京造営

近代政治学の祖とされるニコロ・マキャベリは『君主論』において、「君主は臣下の財産を奪ってはならない。とくに妻を奪ってはならない」と戒めています。こんなことを戒めているのは、ヨーロッパの君主はそういうことをする人ばかりだったからでしょう。

日本史でそういうことをするのは桓武天皇くらいです。しかも堂々と。忠誠心の証として側近に美人妻を差し出させています。

桓武・平城・嵯峨の三代の天皇に仕えた藤原内麻呂《うちまろ》は、妻である永継を桓武天皇に差し出しています。この女性はのちに藤原北家の全盛期を築く冬嗣《ふゆつぐ》を産んでいますが、後宮に上がってからは低い身分に留め置かれ、男の子（良岑安世《よしみねのやすよ》）も親王宣下《せんげ》されることがなく、臣籍降下しています。ちなみに、栗原弘さんという学者が、「冬嗣出産から安世出産までのあいだに永継が子を儲けた記録がないこと、そのあいだに内麻呂の別の妻が子を産んでいることから、永継が宮中に出仕して桓武天皇に寵愛される以前に内麻呂との婚姻関係は終了していた」（「藤原内麿家族について」『日本歴史』五五一号、一九九〇年）との研究を発表しています。熱心な考察です。

桓武天皇の父は光仁《こうにん》天皇。天智天皇の孫です。ついでにいうと、光仁天皇はアルコール依存症寸前だったともいわれます。というのは、奈良時代の天皇はすべて天武系ですから、天智系の光仁天皇（白壁王《しらかべおう》）はいつ暗殺されるかわかりません。だから、危険人物だと思われないよう、朝から晩まで酒を飲んで暮らしていたのです。妻は、高野新笠《たかののにいがさ》。百済《くだら》系渡来人の子孫、つまりコリアンです。即位したときはすでに六十二歳、とうてい皇位継承争いに絡む人物とは目されていなかったので、気楽な生き方をしていました。結果、現在の皇族はすべて高野新笠の子孫で、皇室にはコリアンの血が入ることになりました。

現在の皇室にはコリアンの血が入っていると書くと、いきすぎた愛国心をおもちの方は怒り狂うこともあるようですが、そちらのほうが皇室に対する尊崇の念が足りないのではないでしょうか。

皇室にコリアンの血が入ったと聞いた瞬間、日本が朝鮮になったかのような感覚になるのかもしれませんが、ならば百済とは何者か。日本の援助がなければ存立しえなかった、傀儡《かいらい》国家です。いうなれば日本が朝鮮なのではなく、朝鮮が日本です。現在の韓国や北朝鮮から見れば、百済という国は朝鮮からはじかれているけれど、日本にも入れてもらえない人たちです。純血主義にこだわるのはけっこうですが、アイデンティティが弱い自虐的な発想です。

さて、フロックの父のもとに生まれたので、のちの桓武天皇こと山部王《やまべのおう》は、最初は宮仕えをしていました。サラリーマン生活の譬《たと》えではなく、本物の宮廷仕えです。

最初は弟の他戸《おさべ》親王が皇太子に立てられていました。この時代、子供の運命は母親の身分がすべてです。山部王は父が天皇になったので、王から親王に格上げされただけでもありがたく思わねばならない立場です。ところが、他戸親王と母の井上《いのえ》皇后が謀反の疑いで失脚したので、山部親王にお鉢が回ってきました。桓武天皇の生涯は、このように当初から陰謀に溢れています。

七八一年、桓武天皇は即位します。実弟の早良《さわら》親王を東宮（皇太子）としました。

七八四年、しがらみに溢れた奈良の平城京からの遷都を宣言します。京都に長岡京を築こうとしたのです。ところが、その責任者の藤原種継《たねつぐ》が何者かに暗殺されてしまいます。天皇は早良親王に疑いをかけて廃太子のうえ、島流しにして実子の安殿《あて》親王（のちの平城天皇）を皇太子に立てます。あからさまな陰謀でしたが、抗う術のない早良親王は、食をいっさいとらずに自決しました。

最初は高笑いしていた桓武天皇も、次々と変事が起こり、早良親王の怨霊のせいではないかと人々が噂するに及び、「崇道《すどう》天皇」の尊号を贈り、鎮魂しました。

七九四年、平安京に遷都します。また、坂上田村麻呂《さかのうえのたむらまろ》を征夷大将軍に任命し、蝦夷征伐をさせます。よく勘違いされていますが、田村麻呂は史上二人目の征夷大将軍です。最初の征夷大将軍は大伴弟麻呂《おおとものおとまろ》で、田村麻呂は副将軍のような立場で蝦夷征討にあたっていました。

八〇二年、田村麻呂の説得に応じた蝦夷の阿弖流為《あてるい》は上京しますが、桓武天皇は騙し討ちで謀殺します。東北の人のなかには、いまだにこのときのことを恨みに思う人もいるとか。道徳的にまったく褒められたことではありませんが、これによって青森県までが日本として確定したのは事実です。

桓武天皇の二大事業の蝦夷征討と平安京造営は多大な財政負担となっていましたから、八〇五年の藤原緒嗣《おつぐ》と菅野真道《すがののまみち》の「天下徳政の議論」で中止となりました。東北地方はまだまだ火種がくすぶっていましたが、徐々に穏健な行政統治を及ぼしていくということになります。

ちなみに、このときの議論を主導したのが藤原内麻呂です。薬子の変では、故・種継の子で藤原式家《しきけ》の仲成《なかなり》を追い落とします。以後、内麻呂の北家が藤原宗家として栄華を誇ります。朝廷の公式記録である『日本後紀《にほんこうき》』では仲麻呂を極悪人として描き、内麻呂を聖徳太子のごとく聖人として描いています。

歴史は勝者が書く、の典型です。

カール大帝はほんとうに「世界史の中心人物」？

同時代の英雄としてカール大帝と桓武天皇を並べましたが、公平に見て「ローカルヒーロー」でしょう。日本人が桓武天皇、ヨーロッパ人がカール大帝を学ぶのは必須でしょうが、逆は必要ありません。

ところが、日本人はカール大帝を世界の中心人物と見なしている。『ヨーロッパの歴史 欧州共通教科書』（木村尚三郎監修、花上克己訳、東京書籍、一九九八年）には日本のことがほとんど出てこないのと比較すると、いかに日本人がヨーロッパ中心史観に毒されているかがわかります。

きちんと年表を見ればわかりますが、カール大帝の欧州統一は桓武天皇の蝦夷平定に毛が生えた程度のものです。結局、周辺諸国のヨーロッパの田舎豪族にしか勝っていないのです。イスラムには穏健に和を乞うて、キリスト教徒の聖地巡礼を認めてもらっています。後世の十字軍のような蛮行など、思いもつきません。ビザンチン帝国にはヴェネチアを割譲し、皇帝の名前を認めてもらいました。もっとも、これでヴェネチアを通じてビザンチン帝国宮廷の陰謀に関与する足掛かりとしたわけですが。

高く評価するにせよ、低く評価するにせよ、極端なのはよろしくないでしょう。事実を並べて冷静に評価すべきです。

引用参考文献
小著『日本一やさしい天皇の講座』（扶桑社新書、二〇一七年）
小著『国民が知らない　上皇の日本史』（祥伝社新書、二〇一八年）
栗原弘「藤原内麿家族について」（『日本歴史』五五一号、一九九〇年）
フレデリック・ドルーシュ総合編集『ヨーロッパの歴史　欧州共通教科書』（木村尚三郎監修、花上克己訳、東京書籍、一九九八年）

❖九世紀—桓武天皇とカール大帝

西暦年	桓武天皇	西暦年	カール大帝
732		732	トゥール・ポワティエの戦い。メロヴィング朝フランク王国宮宰カール・マルテル、サラセン人を撃破
737	白壁王（のちの光仁天皇）の第一皇子・山部王として生誕	737	
742		742	小ピピンとベルトレドの子として生誕
751		751	小ピピン、フランク王国の国王に即位、カロリング朝開始
754		754	小ピピン、教皇ステファヌス二世により戴冠
766	従五位上に昇進、大学頭に	766	
768		768	小ピピン、死去。カール大帝と弟・カールマンがフランク王国を分割相続
770	光仁天皇、即位。山部王、親王に	770	
771	弟・他戸親王が皇太子に	771	カールマンが死去してフランク王国の全領土を相続
772	難波内親王呪詛殺害嫌疑で井上皇后が廃皇后、他戸皇太子は廃太子	772	ザクセン人を討伐
773	皇太子となる	773	
774		774	カール大帝、イタリアのランゴバルド王国を滅ぼし、ランゴバルド王に
775	井上元皇后、他戸元皇太子、幽閉先で死去	775	
778	病気が続き、奉幣。10月、病気平癒の御礼に伊勢神宮へ	778	イベリア半島に遠征するも帰還途上、バスク軍に敗北
781	光仁天皇より譲位、天皇として即位 弟・早良親王を皇太子、母・高野新笠を皇太夫人に	781	2人の息子ルートヴィヒがアキテーヌ王、ピピンがイタリア王に 相談役となる神学者アルクインに宮廷で邂逅
782	氷上川継が謀反を計画。関与した大伴家持、坂上苅田麻呂、処罰 三方王らが桓武天皇を呪詛、日向国へ流罪	782	
783	夫人・藤原乙牟漏を皇后に	783	王妃ヒルデカルド、死去
784	藤原種継・小黒麻呂ら、山背国乙訓郡長岡村を遷都視察 藤原種継らを造長岡宮使に任命 長岡京に遷都	784	
785	平城旧京に行幸 藤原種継、暗殺。首謀者早良皇太子を廃して安殿親王（平城天皇）を皇太子に 早良親王、淡路国配流途中に河内国で憤死	785	
786	神野親王（嵯峨天皇）、大伴親王（淳和天皇）が誕生	786	
787	大納言・藤原継縄の邸宅に行幸	787	
788		788	バイエルンを征服
789	第一次蝦夷討伐に、敗北。高野新笠、死去	789	国内の整備を図った「一般訓令」を作成
790	百済王一族は外戚である、と宣言	790	
792	安殿皇太子の病気は早良親王の祟りとの占卜	792	ウィーンにペーター教会を建設
793	新京の地を視察、長岡京の建物の移設開始	793	対アヴァール対策でドナウ川とライン川をつなぐ運河工事を画策
794	平安京に遷都	794	アーヘン大聖堂の建設開始
796	出来上がった大極殿で平安京初の元旦の朝賀	796	アヴァール人の本拠地を占領 アルクイン、宮廷を離れトゥールのサン・マルタン修道院長に
797	坂上田村麻呂を征夷大将軍に任命し第二次蝦夷討伐	797	

西暦年	桓武天皇	西暦年	カール大帝
798	平城旧京の僧尼の乱交に戒告	798	
799	大極殿で渤海使節を饗応	799	教皇レオ三世がローマで襲撃され、カール大帝に保護を要請
	使節を淡路に派遣し、早良親王の霊に謝辞		
800	早良親王を崇道天皇と追号、井上内親王を皇后に復権	800	バチカンのサン・ピエトロ大聖堂で戴冠し、西ローマ皇帝に即位
801	坂上田村麻呂に節刀を授け、第三次蝦夷討伐	801	
802	坂上田村麻呂、肝沢城を築城	802	カール大帝への誠実宣誓をすべての臣民に要求
	降伏した阿弖流為が上京、河内国にて処刑		
803	坂上田村麻呂、志波城を築城	803	
804	坂上田村麻呂を征夷大将軍に任命	804	
	桓武天皇、不予に陥り、翌日に大赦を執行		
805	後事を託すため皇太子以下参議以上を召集	805	
	藤原緒嗣と菅野真道が天下徳政の議論		
	蝦夷平定と平安京工事続行を中止		
806	氷上川継謀反事件、藤原種継暗殺事件の関係者を復権	806	
	内裏正殿で崩御		
	平安京近郊に火災が頻繁に発生		
807		807	ハールーン・アッラシード、カール大帝と大使を交換し、フランク人の聖地巡礼を容認
810	薬子の変	810	デーン人がセーヌ川流域で最初の奇襲攻撃。イタリア王のピピン、死去
812		812	ビザンチン皇帝の了解を取りつけ西ヨーロッパでの皇帝権を確立
813		813	息子ルートヴィヒ(ルイ敬虔王)に帝位を譲る
814		814	アーヘンで死去。ルイ敬虔王がフランク王国を相続
843		843	ヴェルダン条約でフランク王国が3分割。ドイツ、フランス、イタリアの原型に

第4章

十世紀―平将門とオットー一世

神聖ローマ帝国の祖と「新皇」を比較する

ヨーロッパの歴史学者の言葉に騙されるな

フランスをつくったのがカール大帝ならば、ドイツをつくったのはオットー一世です。どちらも大帝と呼ばれます。フランクというのは本来ゲルマン人の国でしたが、その歴史をフランス人が勝手に自分の国の歴史にしてしまいました。そして、八四三年のヴェルダン条約で東フランク王国（現在のドイツ）、西フランク王国（現在のフランス）、中フランク王国（現在のイタリア）に三分割されたいまのドイツの部分のところに、のちに神聖ローマ帝国（正式名称は帝国）と呼ばれるようになる国をつくったオットー一世が登場します。それがドイツのもとだというので、ドイツ人がオットー一世を主人公にして建国神話を立てました。

ちなみに、九六二年のローマ教皇からの戴冠をもってオットー一世による神聖ローマ帝国成立とするのが一般的ですが、八〇〇年のカール大帝の戴冠をもって神聖ローマ帝国が成立したとする見方もあります。ドイツの歴史学者にもそういう人はいて、ハンス・クルト・シュルツェという中世史家が一九九七年に書いた、『西欧中世史事典Ⅱ　皇帝と帝国　邦訳版』（五十嵐修・浅野啓子・小倉欣一・佐久間弘展訳、ミネルヴァ書房、二〇〇五年）では、巻頭の「日本の読者へ」にいきなり

「『神聖ローマ帝国』の皇帝は、一〇〇〇年にもわたって、ヨーロッパ大陸の西部で、最も地位の高い君主でした」とあり、「日本語版への序文」には「帝国の統治者は自身を古代ローマ帝国の継承者と見なし、カール大帝の遺産を当然のものとして要求し、数世紀にわたってヨーロッパで卓越した役割を演じた。八〇〇年のクリスマスのカール大帝の皇帝戴冠式と、皇帝フランツ二世がナポレオンに屈服し、やむを得ず神聖ローマ皇帝の地位を捨てた一八〇六年の八月六日の間には、一〇〇〇年がたっている」と出てきます。フランスに歴史をとられてなるものか、ということでしょうか。

プロパガンダにもほどがあるのはこういうことで、油断も隙もありません。こんなことを言い出すのがヨーロッパ人ですから、日本人は真に受けてはいけません。

自ら新皇《しんのう》を名乗り、関東に新国家を建てようとしたとされる平将門《たいらのまさかど》はオットー一世と同時代人です。とてつもない大人物のように教わるオットー一世と、さっそく並べて見ていきましょう。

西ヨーロッパの「ローカルチャンピオン」

オットー大帝が生きていたころに、その国が神聖ローマ帝国と呼ばれたことは一度もありません。神聖ローマ帝国なる国号が使われはじめるのは三百年ほどたったあと、一二四七年のことです。大空位時代と呼ばれる、確固とした世襲体系のない、王権が不安定な時代のことでした。

十八世紀のフランスの啓蒙主義の哲学者に、ヴォルテールという有名な人がいます。ヴォルテールは『歴史哲学「諸国民の風俗と精神について」序論』と邦題されている一七五六年の著書に、「神聖ローマ帝国とは自称であって、神聖でもなければローマ的でもなく帝国ですらない」という意味の批評を載せています。十八世紀当時の帝国を眺めてそういったものでしょうが、たしかに「帝国」としてのまとまりがあったことは一度もありません。「神聖」かどうかは主観なので知りませんが。「ローマ」は意識しているので、思い出したようにイタリア半島に進軍しては失敗を繰り返していました。

神聖ローマ帝国はドイツのもとだといいましたが、この場合のドイツはいまのドイツ共和国ではなく、オーストリアのことです。いまのドイツは一八六六年の普墺戦争でプロイセン王国の首相ビスマルクがオーストリア帝国を追い出し、強引に名乗っただけです。本来のドイツとはオーストリアのことなのです。

それはともかく、神聖ローマ帝国と名前は格好つけていますが、相変わらず世界の辺境の地の西ヨーロッパのローカルチャンピオンです。

さて、建国の祖となるオットーは、ドイツ地方のザクセン王の子供に生まれ、二十四歳で東フランク王になります。いまのドイツは東フランクと呼ばれていましたが、日本より狭い地域に諸侯が乱立しています。大名のようなものです。しかも、「豆粒諸侯」という言葉があるくらいで、一日で四つの領主の土地を通り抜ける、などというのも珍しいことではありませんでした。

ちなみに、「豆粒諸侯」の生き残りで主権国家を名乗っているのが現在のリヒテンシュタインですが、その領土は東京の八王子市よりも狭いほどです。

さて、オットーの人生は戦いに明け暮れます。まるでカール大帝の再来のように。しかし、九六二年にローマ教皇から神聖ローマ皇帝の冠を授かったのはよいのですが、実際の領土はフランク王国より小さいのです。衰えたりとはいえ、東ローマ帝国には遠く及びません。それどころか、東隣のハンガリーとの戦いに精一杯です。

九七二年、息子のために東ローマ帝国から皇女テオファヌを后として迎えています。箔づけです。市販の世界史年表には、テオファヌは洗練された東ローマの文化を西にもたらす、とさりげなく書いてあります。ということは、洗練されていなかったということです。市販の世界史年表にある表現も注意深く読むと、真実にたどり着けるものです。

このころ東方のイスラム教徒は内紛が激しく、アッバース朝が滅びていく時代です。そんなとき、ビザンチン帝国はブルガリアに、神聖ローマ帝国はハンガリーに脅かされています。オットー大帝などローカルチャンピオンにすぎないのです。

将門の乱は自力救済を求めた暴動だった

日本でもローカルチャンピオンが登場しました。平将門です。将門は、平安時代の矛盾を背負った人物です。

当時の行政とは、裁判と徴税です。将門のいる常陸国《ひたちのくに》(茨城県)は田舎ですから、お公家さんたちはほったらかしです。そして政治は、裁判と徴税と陳情の三つが一体化していきます。

このころの宮廷は藤原氏が権力を握りはじめている時期ですから、都では藤原氏についたほうが勝つという政治状況です。だから藤原氏への賄賂が横行し、公正な裁判が行なわれず、不当な重税に苦しむことになります。

むしろ、それを不正と思わず、藤原氏に取り入るべく都で出世することこそが役人の道であり、政治なのだと誰もが信じている時代です。将門も十二年間ほど都で活動しましたが、あきらめて地元の水戸に帰っています。

帰ってみると、土地は伯父に奪われていました。政治（裁判所）が頼りにならないとすると、自力で奪い返すしかありません。さらに女の奪い合いが重なり、殺し合いになりました。

これが平将門の乱の始まりです。

前章で桓武天皇が「蝦夷征討の中止」を宣言したのですが、現在の中央集権的な政府を思い浮かべてはいけません。「遠隔地のことは思いどおりにならなくてもかまわない」が前近代の政府の実態なのです。一言でいえば「年貢さえ納めれば、あとはかまわない」ですし、それすらもいい加減です。

年貢を納めないのは国家反逆罪ですが、それを咎《とが》めに行くコスト（たとえば軍勢の動員）のほうがたいへんだと思えば、見逃されます。地方でも心得たもので、年貢を納めるより安くつくかぎり、いくらでも賄賂を渡すわけです。

こうして不正がまかり通るので、将門のように自力救済するしかないのです。

無学無教養でわけもわからず「新皇」宣言

九三七年、将門は朱雀《すざく》天皇元服の大赦ですべての罪を赦されます。

日本は、ゆるりとした国民国家ではあるのですが、中央集権ではありません。だから「別にいいや」というのが、この朱雀天皇元服の大赦です。

このころの朝廷は、年貢さえ納めれば、地方行政など派遣した役人に任せっきりです。中央から派遣された役人も、都に帰るのを指折り数える生活です。だから、揉め事など起こしたくありません。彼らからしたら将門など、「キキワケがない暴れん坊」です。テキトーにあしらっておきたいのです。だから、勝手に戦をしても、「勝ったなら許す」なのです。「法を曲げて私闘を行なった」などと制裁を加えることなどしないのです。

それどころか、太政官符《だいじょうかんぷ》という公文書を出して、矛を収めさせました。

この太政官符という点が面白いと思います。先に述べたように古代以来、軍隊の過半数を押さえたくらいでは、日本ではクーデターは成功しません。天皇が命令を出せば、大軍とて雲散霧消します。日本はレジテマシー（正統性）を大事にする、いざとなったら法の力が強い国です。したがって、私的な決闘については勝った者を追認するわけですが、まだ動いている最中に、錦の御旗《みはた》をもたせる場合もあります。むしろ、戦闘で勝った将門の行動をついに追認しています。

この段階では、将門は自力救済に成功しました。奪われた土地を暴力で奪い返し、朝廷に認めてもらったのですから。

ところが決定的なのが、九三九年です。何を血迷ったか、将門は国印を奪取しています。将門は、正統性を示す印を奪ってしまうという賭けに出ました。そのまま追認されるか、謀反人になるか、という賭けです。こういうことをやるときは、都の高官に大量に賄賂を渡して根回ししておかねばなりません。しかし、そんなことができるくらいなら最初から都で出世しています。

将門は見境なく、近隣の役所に攻めかかります。勢いに乗って国司（県知事）たちを降伏させるまではよかったのですが、当然のごとく謀反人に認定されました。

しかも誰が入れ知恵したか、「新皇」を名乗り、即位の礼まで挙げてしまいます。将門はいちおう桓武天皇の玄孫《やしやご》で男系直系子孫ですが、それで天皇を名乗れるなら、この時代の有資格者は万をくだらないでしょう。

皇室には「君臣の別」「五世の孫」の原則があります。「君臣の別」は、皇室と臣下は厳密に分けられるという大原則です。いかなる権力者も皇族、ましてや天皇にはなれません。古くは蘇我氏がそうでした。この時代、藤原氏がいかに権力を握ろうとも、皇族になろうなどとは考えもしませんでした。それはそうでしょう、この時点で皇室は神話以来、千六百年の歴史をもっているのです。皇室の次に長い歴史をもつ王室はデンマークですが、二十一世紀の今日《こんにち》で、ようやく千百年です。だから藤原氏は、娘を次々と天皇の后に送り込んで実権を握ることに腐心しているのです。

もう一つ。皇族でも、皇位を継がないと、その子孫は臣籍降下しなければなりません。皇位継承資格があるのは五世以内です。これは上限ということで、たいていはそれ以前に臣籍降下します。

将門の例でいえば、桓武天皇の孫（曾孫とも）の高望王《たかもちおう》のときに平の姓を賜り、臣籍降下しています。三世（四世とも）です。そしていったん臣籍降下してしまうと、臣下であり、皇族ではありません。原則として皇族には戻れません。だから、将門が「新皇」を名乗っても説得力がないのです。

将門の理屈が許されるなら、平清盛も、源頼朝も、足利尊氏も、全員が、父親の父親をたどれば天皇にたどり着く男系男子です。誰一人、皇位継承資格がありません。尊氏の孫の義満は皇位簒奪を計画し、三十年以上かけて肉薄したといわれます。この点は今谷明『室町の王権』（中公新書、一九九〇年）と小著『倉山満が読み解く足利の時代』（青林堂、二〇一七年）をご参照ください。「天皇の血を引く男系男子」という一点で天皇になれるなら、義満はそんな苦労はしなくて済むはずです。ついでにいえば、近衛文麿も後陽成《ごようぜい》天皇の血を引く男系男子ですから、首相ではなく天皇になれます。

承平天慶の乱は示し合わせてなどいない

将門の行動は、当時の日本人にとっては驚天動地の出来事でした。それでも将門は一時的に勢いがあり、関東では一定の支持層を得ました。これには二つの理由があります。

一つは、当時の朝廷の政治がでたらめで、重税と不正な裁判で苦しむ関東の人々の不満が爆発し、将門を支持したことです。

都鄙《とひ》という言葉があります。都会と田舎です。この言葉の意味、京都の特権階級の感覚を説明すると、都が自分たちの住んでいる世界で、鄙は遠い辺境です。まともな裁判もなければ警察もいないような状況で、重税だけ取り上げられる。そんな政府などいらない、というのが庶民感情です。そこで、いちおう天皇の血筋を引く、貴い身分の地元のお偉いさんが立ち上がった。庶民感情として、将門を支持するのは自然でしょう。

もう一つは、将門の同時代の朝廷でも横紙破りの新儀が起きていました。

将門が仕えたのは、醍醐《だいご》天皇です。この方は旧皇族出身の天皇です。さらに、先代の宇多《うだ》天皇は元皇族の天皇です。「君臣の別」が破られた天皇が二代続いているのです。

宇多天皇の先代の光孝《こうこう》天皇の時代、時の関白藤原基経《もとつね》の圧迫で多くの皇族が臣籍降下させられていました。結果、光孝天皇危篤の際には皇太子もおらず、あわてて臣籍降下していた源定省《さだみ》が皇籍復帰、定省親王として、践祚《せんそ》（皇嗣《こうし》が天皇の地位を受け継ぐこと）してもらいました。一度は臣籍降下した元皇族が皇籍に復帰して天皇となった唯一の例です。

なお、宇多天皇が臣籍降下していた時代に生まれたのが、源維城《これざね》に親王宣下が下った敦仁《あつぎみ》親王、のちに醍醐天皇となります。生まれたときは民間人で過去に皇族だった経験がなく、親王宣下されたのちに天皇となった唯一の例です。

皇室は「先例は吉、新儀は不吉」の世界です。新儀は絶対にやってはいけないものではありませんが、無理やりやることではないのです。光孝天皇危篤の際のような、仕方のないときに行なうものです。

こうした新儀が起きるときは、将門の乱のような不吉が起きるものです。将門の心境は記録に残されていませんが、「定省親王こと源定省が天皇になってよいなら自分がなってもおかしくない」と考えても不思議ではありません。

なお、九三六年に瀬戸内海の海賊の藤原純友《すみとも》が乱を起こします。将門の乱と合わせて当時の年号から、承平天慶《じょうへいてんぎょう》の乱と呼ばれます。朝廷の公卿会議は共謀を疑ったということですが、明らかに将門と純友は示し合わせてなどいないでしょう。ちなみにこの場面、一九七六年のＮＨＫ大河ドラマ『風と雲と虹と』では、加藤剛の将門と緒形拳の純友は名演技を見せていますが、とうてい史実としては認められません。

将門は九四〇年、純友は九四一年に討伐されました。朝廷は乱の鎮圧にてこずりましたが、しょせんは警察行動の範囲です。平安朝の権力は揺らぎもしません。

九三〇年に崩御した醍醐天皇と九四六年に即位した村上《むらかみ》天皇の治世は、その元号から延喜《えんぎ》天《てん》暦《りゃく》の治として、のちのちまで善政を讃えられます。承平天慶の乱は、その束の間の小事の扱いです。また、その後に藤原氏の摂関政治の栄華が訪れます。

将門の首級は都に送られましたが関東に飛んで帰り、怨霊として長らく祟ったという伝説が残りました。都の圧政に苦しむ人々がつくり出したものでしょう。

日本というのは不思議な国で、「これで大丈夫だろうか？」という時代にかぎって、隣の大陸ではもっと悲惨な事態に陥っています。

当時、大唐帝国末期が大内乱状態で、将門の時代には五代十国といって、五つの後継王朝と対抗した一〇の国が抗争する大動乱に突入しています。といっても浮かんでは消えた国の数は一五に留まらず、一七になるそうですが。一説には人口の九割が消滅したとも。

ついでに朝鮮半島では、新羅が滅び、高麗《こうらい》が興りました。将門が決起したのと同じ、九三五年です。

東アジア全体が、力のある者が決起すれば王朝を開ける、というムードにあったのは確かです。将門は、そういうブームのなかに登場したローカルヒーローといったところです。

ご参考までに、茨城県選出の代議士で岸信《のぶすけ》介内閣の安保改定のときに防衛庁長官だった赤城宗《あかぎむね》城《のり》は、将門に関する著作を残しています。赤城宗徳『平将門』（角川選書、一九七〇年）です。

わずか五十年で絶えたオットー大帝の子孫

戦いに明け暮れたオットーは、九六二年に「帝国皇帝」に就きます。カール大帝がローマ教皇に押しつけられたかたちでしたので、自分の場合は主導権を握られないように気をつけていました（以下、菊池良生『神聖ローマ帝国』講談社現代新書、二〇〇三年を参照）。

そこで、「オットーの特許状」を発します。教皇が皇帝に従うことを誓う代わりに、教皇領の安堵と教皇選挙への協力を約束しました。司祭の任命権も皇帝が握ります。これに怒ったローマ教皇ヨハネス十二世は、東ローマ帝国やハンガリーなどの周辺諸国に檄《げき》を飛ばし、包囲網をつくろうとします。これに皇帝も対抗し、教皇を廃位してレオ八世を据えます。

飽くなき戦いは続きます。

オットーの時代でも、「皇帝」「帝国」の実態はまったくありません。帝国内の諸侯は独立性が強く、彼らの家督相続に口を挟めません。日本の徳川将軍が日常的に大名のお取り潰しを行なっていたのとは、懸隔《けんかく》がありすぎます。弱いと評されることが多い足利将軍ですら大名家の家督争いにしばしば介入しているのですから、それと比べても「大帝」の権力など空虚です。

むしろ皇帝の権力は、オットー一世個人の力量によるところがありました。政治の基本は鉄と金と紙ですが、オットーはフルに使いました。鉄とは自身の卓越した軍事力、金とは勃興するイタリア商人から巻き上げた経済力、そして紙とは教会を通じて入ってくる種々のインテリジェンスです。

生涯を戦いに生きたオットー大帝ですが、彼の直系子孫はわずか四代、約五十年で絶えます。

引用参考文献

ハンス・クルト・シュルツェ『西欧中世史事典Ⅱ　皇帝と帝国　邦訳版』（五十嵐修・浅野啓子・小倉欣一・佐久間弘展訳、ミネルヴァ書房、二〇〇五年）
今谷明『室町の王権』（中公新書、一九九〇年）
小著『倉山満が読み解く足利の時代』（青林堂、二〇一七年）
赤城宗徳『平将門』（角川選書、一九七〇年）
菊池良生『神聖ローマ帝国』（講談社現代新書、二〇〇三年）

❖十世紀—平将門とオットー一世

西暦年	平将門	西暦年	オットー一世
903	平将門、生誕(884年説も)	903	
912		912	ザクセン大公ハインリヒとその妻マティルデの子として生誕
916	平安京で藤原忠平を主君に12年ほど仕え、その後、東下	916	
919		919	父・ハインリヒ、ドイツ王国ザクセン朝初代国王に即位
929		929	イングランド・エドワード長兄王の娘エドギタと結婚
930	醍醐天皇崩御	930	息子リウドルフ誕生
931	伯父の平良兼と「女論による不和」	931	娘リウトガルト誕生
935	野本の戦い。伯父の常陸大掾平国香らを殺害 叔父の平良正と常陸国新治郡川曲村で戦い大勝	935	
936	平良兼、常陸国水守営所に着陣 藤原純友の乱始まる 下野国府で良兼らを撃破 京都に上り、検非違使より尋問	936	父・ハインリヒ一世死去により、東フランク王に即位
937	朱雀天皇元服の大赦ですべての罪を赦され、下総国に帰国 平良兼に連続敗戦、良兼は上総国に凱旋 平良兼、常陸国に。将門、弓袋山で対陣 朝廷が将門に太政官符を出し、形勢が逆転 平良兼、将門を夜討するが返り討ち	937	
938	国香の嫡男・平貞盛、京で将門を告発	938	
939	武蔵介源経基が上京して、将門らの謀反を告訴 謀反は事実無根との書面を朝廷に送付 平貞盛を下野国府で攻撃、貞盛は逃走 常陸国府を攻めて国司が作成する文書の証明となる国印を奪取 下野国府を攻めて国印を奪取、国司を追放 新皇と称して除目を実行 朝廷に平将門の乱の報告が届く 藤原純友と平将門の共謀が公卿会議で疑われ、東西に警固使の派遣決定	939	
940	朝廷、平公雅・橘遠保・藤原秀郷ら8人を追捕凶賊使に 朝廷、参議藤原忠文を征東大将軍に 将門、5000人の兵を率いて常陸国に発進 将門、常陸国軍を率いる平貞盛・藤原秀郷らと合戦して敗北 朱雀天皇、征東大将軍藤原忠文に節刀を下賜、副将軍藤原忠舒や源経基らとともに坂東8カ国に派遣 貞盛、下野押領使藤原秀郷らとともに将門を討伐 将門、下総国幸島の合戦で矢を受け討死 藤原秀郷、将門の首級を進上 将門の首級、京の東市に晒される	940	
941	伊予国警固使・橘遠保が藤原純友を討伐	941	弟・ハインリヒに暗殺を計画され、修道院に幽閉

西暦年	平将門	西暦年	オットー一世
944		944	娘・リウトガルトの婿コンラート赤毛公をロートリンゲン大公に
946	村上天皇即位	946	
947		947	弟・ハインリヒを許し、バイエルン大公に
950		950	息子・リウドルフのイタリア遠征に怒り、自らも大軍を率いて遠征
951		951	イタリア王未亡人アーデルハイトと結婚し、イタリア王を名乗る
952		952	アーデルハイト、男児ハインリヒを出産
953		953	息子・リウドルフと娘・リウトガルトの夫コンラート首謀の反乱が勃発 親近者による統治から聖職者による統治に変更
954		954	ハンガリーから非キリスト教徒のマジャル人が侵攻 ハインリヒ、マジャル人侵攻はリウドルフの策謀と流布
955		955	レヒフェルトの戦い マジャル人との戦いに蟄居処分中のコンラートが駆けつけ、オットー一世が聖なる戦士と称賛
960		960	ローマ教皇ヨハネス十二世が攻撃され、救援を要請。オットー一世、イタリアへ遠征
961		961	7歳の息子オットー二世を共同統治者として戴冠させ、再びイタリアへ遠征
962		962	ローマにおいて教皇から皇帝の冠を戴冠、神聖ローマ帝国の成立。オットーの特許状
967		967	息子オットー二世を共同皇帝に任命
968		968	マクデブルク大司教座の設立に着手
972		972	東ローマ帝国皇女テオファヌ、オットー二世の妃に テオファヌ、洗練された東ローマの文化を西にもたらす
973		973	オットー一世、メムレーベン宮殿で死去

第5章 十一世紀――院政と十字軍

日本は「末法の世」、ヨーロッパは殺戮の世紀

エルサレムから離れるほど成功した十字軍

日本語で「院政」というと、黒幕が無責任な立場で権力を振るう、という意味です。十一世紀末に始まった院政は、子供の教育によろしくないことばかりです。平将門の時代の平安宮廷も「よくこれで日本がもったな?」というでたらめですが、院政期は輪をかけて乱脈を極めます。以後、百年にわたる停滞が続きます。

白河法皇が院政を始めたのは一〇八六年、その十年後の一〇九六年にはローマ教皇が「聖地エルサレムを解放せよ」と、第一回十字軍を出発させます。以後、二百年にわたる殺し合いが始まります。

十字軍はあきれるばかりのエピソードが満載ですが、まず押さえておきたいことがあります。多くの人は、十字軍はとにかくエルサレムに向かって進軍した、と思っています。ちょっと違います。じつは十字軍は、エルサレムから見当違いの場所へ行けば行くほど成功率が高くなりました。

イタリア半島の真ん中あたりにローマがあり、その南東、地図上の直線距離で二三〇〇キロメートルほど、陸路を伝った場合、最短で三六〇〇キロメートルほどのところにエルサレムがあります。この行程を素直に狙ったときが、いちばん失敗しています。そこでエルサレムへの物資補給を断つ作戦を立て、エジプト回りで向かおうとしたらそこから抜けられなくなり、最後には失敗します。ちなみに、エジプトとエルサレムは数百キロメートルしか離れていません。

十字軍にはいろいろな種類があり、たとえば北方十字軍というのは、いまのポーランドの東北に住んでいたプロシア人、つまりオストプロイセンの騎士団を中心に組織された十字軍です。バルト海に向けて進軍し、沿岸の異教徒の制圧を目的としましたが、基本的にはうまくいきません。

フランスには、アルビジョア十字軍を差し向けました。「すべてを殺せ、主はすべてのことを知りたもう」などとローマにけしかけられてほんとうに町ごと、味方も含めて皆殺しにしてしまうような十字軍でした。しかも敵はイスラム教徒ではなく、キリスト教異端のカタリ派（アルビジョア派）です。巻き添えで同胞のカトリックも大虐殺されました。

イベリア半島にはイスラム教徒がおり、それに対して国土回復運動とか再征服活動などと訳されるレコンキスタというものを行ないます。これも十字軍です。レコンキスタを成し遂げたポルトガル人とスペイン人はそのまま勢い余って、アフリカとアメリカに行ってしまいました。これが大航海時代です。

こうした具合に、エルサレムから離れたところへ行くほど、成果を挙げているのが十字軍です。エルサレムから離れれば離れるほど十字軍は成功する、という不思議な法則があるのです。

ヨーロッパが十字軍を組織して、イスラムに対する聖戦を宣言しておきながらキリスト教徒を虐殺して回っているこの時代、日本は白河上皇、鳥羽上皇、後白河上皇の院政の最盛期でした。誰も上皇を止めることのできない腐敗した時代ではありましたが、しかし、景気づけのための人殺しなどは決してしないのが日本という国です。

「金で解決できるか」が宗教紛争を考える鍵

掲載した年表では、十字軍は合計八回、行なわれたことになっています。ところが、一般的には七回とされているようです。たとえば山川出版社の高校教科書『詳説　世界史B』（二〇一八年版）では計七回です。じつはローマ教会は、あまりにも失敗した一二一七年の十字軍はなかったことにしています。

何ごとも、「何が書かれてあるかよりも、何が書かれていないか」のほうが大事です。なぜなら人を騙すときは、嘘をつくよりも、ほんとうのことを隠すほうが効果的ですから。書かれてある嘘はときに論理で見破れますが、書かれていないほんとうのことは知識がないと見抜けません。

その意味で、山川世界史教科書に代表される多くの書物には嘘は書かれていません。しかし、騙されてしまいます。

現代の日本人が十字軍を語る意味は、中東情勢の基本認識にあります。十字軍は、しかけられたアラブのほうから見れば、性懲りもない侵略者です。たとえば『アラブが見た十字軍』(アミン・マアルーフ著、牟田口義郎・新川雅子訳、ちくま学芸文庫、二〇〇一年)は名著です。ひたすら性懲りもない十字軍は、いまのイスラエル近辺に、傀儡政権をつくり続けました。アラブから見れば、現代の欧米が中東に対して行なっていることは十字軍にしか見えません。彼らにしてみれば、イスラエルとは十字軍がつくった傀儡国家の再現なのです。

ちなみに第二次世界大戦の連合国遠征軍最高司令官で、アメリカ大統領も務めたアイゼンハワーは、自分の回想録に"Crusade in Europe(ヨーロッパでの十字軍)"というタイトルをつけています。

宗教とは、価値観そのものです。だから同じ現象に関して、まったく逆の評価になります。十字軍は、欧米では正義の軍隊、イスラムでは性懲りもない侵略者です。日本人としては当事者双方の意見を聞いて、自分で評価すればよいでしょう。

さて、第一回十字軍だけは成功したことになっています。聖地エルサレムに傀儡国家を建てることができたからです。まず一〇九六年に隠者ピエールが「民衆十字軍」を組織して中近東へ出発し、コンスタンティノープルに到着します。道中、ハンガリーで収奪を繰り返しました。十字軍は、キリスト教徒にとっても、たまったものではなかったということです。

十字軍は、もっぱら騎士だけで組織された軍隊のようにイメージされることが多いのですが、基本的に集団巡礼ですから民間人もついていきます。売春婦なども一緒なので大行軍です。

一〇九七年、セルジューク・トルコの支配下にあった小アジアに向けて出発したのは、西ヨーロッパの諸侯が組織した十字軍です。このときにビザンチン帝国の皇帝アレクシオスが各諸侯に臣下の礼を強要しています。ビザンチン帝国の領土を通過しなければなりませんし、力関係からしても当然です。

この段階では基本的にはうまくいき、一〇九八年に最初の十字軍国家であるエデッサ伯領が成立し、その後、傀儡国家が次々とできていきます。エルサレムを三年かけて攻略し、エルサレム王国が成立します。なお、エルサレム制圧の際、ユダヤ人が景気づけに大虐殺されました。ちなみにですが、いまのイスラムから見れば、キリスト教とユダヤ教は一枚岩です。実態は、まったく違うどころか、ユダヤ人は犠牲者なのですが。

一方でキリスト教徒の側でも、アメリカの「ネオコン」と呼ばれる人たちは、ユダヤ教徒の国であるイスラエルを支持し、応援しています。彼らの理解によれば、ハルマゲドン（世界の終わりの日）の直前に、ユダヤ教徒は全員キリスト教徒に改宗することになっているそうです。なぜそうなるかはわかりませんが、とにかくネオコンとはそういうことを信じている人たちでした。そして、その人たちがアメリカ大統領のブッシュ（息子）政権の行動原理となり、イラク戦争へとひた走りました。思い込みとは怖いものです。

話を十字軍に戻すと、第一回の当初はキリスト教連合軍が連戦連勝です。ところが、一一〇一年に援軍が壊滅し、いきなり雲行きが変わります。

一一四四年には、エデッサ伯領が、いまのシリアの首都にあたるダマスカスを支配していたイスラム太守のザンギーという人に制圧されて消滅します。そこからは、防戦一方です。

そこで、第二回十字軍が編制されます。地中海の要衝であるダマスカスを攻略しようとしますが結局、イスラム有数の英雄サラディンの上司だったヌラディンに阻まれたうえ、ダマスカスを奪取されてしまいます。このときの成果といえば、一一五五年のフランスの騎士ルノー・ド・シャティヨンによるキプロス島略奪くらいです。しかし、キプロスはイスラムの島ではありません。ビザンチン帝国の領地です。すでに誰を相手に戦っているのかも、怪しくなっていきます。セルジューク・トルコにサラディンが登場してからは、十字軍は死体の山を築くのみです。いまでも中東のイスラム教国では、サラディンは十字軍を破った英雄です。

一一六九年のフランク＝ビザンチン同盟は、大規模艦隊を合同でファティマ朝エジプトに派遣しました。それもあえなく失敗し、ファティマ朝はヌラディンが派遣したサラディンのものになり、アイユーブ朝が創始されることになります。

一一八七年、サラディンによってエルサレムは陥落。第二次十字軍は完敗です。

十字軍を経済的な運動として見た場合、貿易をやりたいイタリアのヴェネチアあたりの商人が仕掛けてやらせている事業、という言い方はできます。しかし、十字軍の人たちは、じつは金で動く人たちではありません。金で解決できる人たちであれば、そもそも十字軍などはやりません。東ローマがいるのに、そこを乗り越えてエルサレムに行こうとしているのです。商人はともかく、政治家たちは、経済的合理性を飛び越えて十字軍を動かしているわけです。

この「金で解決できる」というのは宗教紛争の鍵です。現代でも二十世紀には、テロが起きるたびに胴元が金をバラまいてテロリストを黙らせていました。テロが起きると自らが犯行声明を出し、世界中のイスラム教徒から金を集めます。大義名分は「キリスト教徒と戦うため」です。同時にキリスト教徒からも集めます。そして、集めたお金をテロリストに握らせてテロをやめさせるのです。もちろん、〝手数料〟として残りは懐に入れます。マッチポンプといえばそうですが、金で解決するというのは、平和的なのです。あちらでは。

院政の本質は「誰も止める者がいない」

そのころ、日本は？

一〇八六年、白河上皇が院政を開始しました。『平家物語』には「賀茂河の水、双六《すごろく》の賽《さい》、山法師、是《こ》れぞわが心にかなはぬもの」、つまり比叡山の山法師以外は誰をもいうことを聞かせる権力を握った、と書かれています。院政が摂関政治にとって代わりました。

藤原をはじめ貴族たちは、朝廷で働いています。朝から日の出とともに公の場で仕事を始めるので、朝廷です。

ちなみに江戸時代にはだいたい、いまの朝六時ごろに鳴る明け六つの鐘とともに、庶民も一日の仕事が始まりました。明治時代の役人も朝八時に出勤して午後三時に帰宅しました。朝早くから仕事を始めてお昼くらいになったら仕事をやめるという日本人のノンキな姿が、じつは近代まで、百五十年くらい前までは続いていたわけです。

当時の政治の公の場は朝廷であって、つまり、朝早くに案件は決定されるわけですが、じつはあらかじめ、その前の晩などに、実力者の自宅で談合され決定されているのが常でした。摂関時代であれば藤原道長《みちなが》の邸など、その時々の最高権力者の家に集まって談合しました。もちろん、夜のことです。

鎌倉時代は、執権や得宗《とくそう》、内管領《うちかんれい》などの屋敷。昭和の田中角栄は「目白御殿」ですべてを決めたので「目白の闇将軍」と呼ばれましたし、平成の竹下登も同様に代沢《だいざわ》の自宅に実力者を集めて日本の意思決定をしました。閣議などは、目白や代沢で決まったことの追認にすぎません。すべて同じ政治構造です。

ただし、院政だけが違うことがあります。院政の場合は、上に権威がない、ということです。摂関政治では上に天皇、執権政治では上に将軍がいます。現代でも「元首相」などは、よくよく考えれば何の権限もない一代議士で、現職総理大臣のほうが偉いはずでしょう。ところが院政の場合は、本来はいちばん偉いはずの天皇の上に、院政を敷く上皇（出家したら法皇）がいます。上皇（法皇）が院政をできるのは、「治天《ちてん》の君《きみ》」という皇室の家長の地位にあるからです。皇室の長ですから、天皇より上の地位です。「治天の君」とは「この世の支配者」の意味です。治天の君が暴走したら誰も止める者がいない――。これが、院政の本質です。

日本史で院政とは、白河・鳥羽・後白河の三人の上皇が治天の君にあった、約百年間のことを指します。その間、「いまの天皇は東宮のごとし」といわれました。東宮とは、皇太子のことです。ちなみに、後継者候補が弟の場合は皇太弟という言い方をしますが、その場合も東宮です。

二〇一九年、現在の皇太子殿下が即位され、弟君である秋篠宮殿下が皇太子の地位に就きます。しかし、弟であって息子ではないので、皇儲《こうちょ》殿下という呼び方になりますが、東宮であることに変わりはありません。

さて、三代の治天の君は、正式な政府である朝廷とは別に、院庁という独自の役所を開きました。これが公式の機関なのか、私的な機関なのか、曖昧です。つまり、本来の上皇は「天皇を引退した人」なのですが、実権を手放しません。皇室の家長が役所を開けば、当然ながら影響力をもちます。そんな治天の君の開いた院庁が公式か、私的かなど議論するまでもなく、すべてはそこで決まるわけです。そうなると、朝廷の立場はどうなるか。

公の機関は厳然と朝廷として存在しますが、それに対していうことを聞かせられる、まったくの私的な機関を上皇自らつくってしまったのが、院政なのです。白河上皇の近臣・藤原顕隆《あきたか》などは院政期の代表的な政治家で、「夜の関白」などと怪しい呼び方をされていました。白河上皇や鳥羽法皇の邸などに行くと、普段は下っ端の連中が威張りくさって出てくるわけです。表向きの朝廷の序列とは関係がありません。保元《ほうげん》の乱の処理に手腕を振るって有名になった信西《しんぜい》入道などは、その代表的な人物です。

誰も止められない権力を握った白河上皇は、乱脈を極めました。愛人の藤原璋子《しょうし》を孫の鳥羽天皇の嫁にする。そのあいだに生まれた崇徳《すとく》天皇を鳥羽天皇は、白河上皇と璋子のあいだの子だと信じて疑わず「叔父子《おじご》」と呼び続けました。三角関係・四角関係は男女だけではなく、男と男のあいだにもあります。平清盛には白河の天皇時代のご落胤《らくいん》説があり、清盛の父・忠盛《ただもり》は白河上皇の愛人だったという話もあります。

上がこれで世の中がうまくいけば奇跡です。

藤原氏は天皇をも超える権力を握り、三百年の栄華を極めました。その源泉は、全国の荘園から上がってくる経済力です。荘園とは私有地のことで、日本語で「荘園」といえば、「税金を払わなくてよい、政府の役人が入ってこない治外法権の土地」の意味もあります。この特権を歴史教科書では「不輸《ふゆ》不入《ふにゅう》の権」と習います。政府としては由々しき事態ですが、その政府を藤原氏が牛耳っているので、なす術がありません。前章の平将門の乱などは、そうした政府の無策と不正に対する憤りの爆発ですが、藤原氏の前にあえなく叩きつぶされました。

では白河法皇たち歴代治天の君はどうしたか。自らが率先して不正を行ないました。要するに、藤原氏にとって代わる、日本最大の荘園領主になったのです。

こうした白河法皇を悩ませた唯一の存在が、延暦寺です。延暦寺は京都から歩いていける距離にあります。何か揉め事があるたびに強訴《ごうそ》に及び、法皇を困らせます。権力者というものは何かと心に不安を抱えるものですから、救いを求めたくなり、宗教に走るのです。白河・鳥羽・後白河の三人ともが出家して法皇となったのは、偶然ではありません。延暦寺は、そうした心の寄りどころである宗教の日本最高権威ですから、無碍にはできないのです。だから調子に乗るので、耐えかねた法皇も現実の武力で対抗しようと「北面《ほくめん》の武士」という親衛隊を集めたりします。

しかし、この人たちは喧嘩しつつも、同じ穴の狢《むじな》です。法皇も延暦寺も大荘園領主です。この人たちの喧嘩など、せいぜいが利権の分け前で揉める程度です。藤原摂関家もしぶといもので、歴代治天の君と結びついて、朝廷での地位を守ります。普通の国なら前時代の権力者など丸ごと粛清されて、その財産はそっくり巻き上げられるのですが、藤原氏はズブズブの関係となることで生き残りました。

源氏や平氏などの武士は、治天の君や摂関家に結びついて、出世を図ります。平忠盛やその息子の清盛は、典型です。

ちなみに平清盛とサラディンは同時代人です。サラディンが第二回十字軍を相手に命がけの戦いを繰り広げているあいだ、平清盛は忠実なサラリーマンとして出世街道を走っていました。

第二回十字軍がダマスカスで殺し合いをしている最中の一一五〇年ごろ、日本が誇るSF小説集『今昔物語集』が成立しました。一一二〇年からこのころまでのあいだの成立とされていますす。本朝（日本）と震旦《しんたん》（中国）と天竺《てんじく》（インド）の面白い話を集めた説話集です。朝鮮が視界に入っていないのが気になりますが……。

仏教の教え、政治の裏話、犯罪など現実に起こった事件から、SF、近親相姦、輪姦、獣姦まで何でもありです。最もバカバカしいのは「蕪畑《かぶらばた》」の話かもしれません。ある男が性欲を我慢できなくて自分の一物を土の穴に挿し込んで精子を放出したら蕪のなかに入り込み、それを男性経験のない娘が食べて妊娠したので、「前世からの因縁だろうから」とその男と結婚した、という巻二六の二に収録されているお話です。ちなみに『今昔物語集』の題名は、ほとんどの話の書き出しが「今は昔」で始まるからそうつけられたのですが、たいていの無理やりな話を「これも前世からの縁であろうか」の一言でまとめる話も多くあります。

日本では「末法」、つまり「こんな世の中、この世の終わりだ」と人々が嘆き悲しむ風潮だったころのお話です。

サラディンに負け続けた第三回十字軍

さて、そのころヨーロッパは？　十字軍の話だけ先取りしておきましょう。

一一八九年に始まる第三回十字軍は、なぜか参加した王様の名前まで含めて覚えさせられます。イギリスのリチャード一世、フランスのフィリップ二世、ドイツのフリードリッヒ一世です。

ちなみに、これは国の名前も格づけも不正確です。当時の三人で圧倒的なのは、ドイツ王兼帝国皇帝です（十字軍の時代は、まだ神聖ローマ皇帝ではない）。次がフランス、ドン尻がイギリスです。イングランド人が最初に日本に来たときに「エゲレス」と呼んだので、「イギリス＝イングランド」と思っていますが、このときブリテン島の北半分はスコットランドという別の国です。

それはともかく、第三回十字軍はサラディンに負けっぱなしです。リチャード一世に至ってはエルサレムに達することができずに引き揚げ、しかもオーストリアで同じキリスト教徒の捕虜になっています。仲の悪いオーストリア公レオポルト五世に嫌がらせをされたのでした。

ただ、十字軍にとって幸いだったのが、一一九三年にサラディンが死去すると、イスラムにも後継をめぐって内紛が起きたことです。最終的には、サラディンの弟のアラディールが、イスラム世界全域のスルタンとなります。

一二〇二年に始まる第四回十字軍は、カトリック教会にとって最も成功した金字塔となります。なぜならイスラム教徒と戦わなかったからです。

お家芸の内紛が頂点に達したビザンチン帝国から、父を殺害して帝位に就いていた叔父を打倒するよう、先帝の皇子が依頼してきました。十字軍側はこの要請を受け、いきなり目的地をコンスタンティノープルに変更してしまいます。あっという間にビザンチン帝国は崩壊します。傀儡のラテン帝国を建国させました。一二〇四年のことです。

東西ローマ帝国分裂以来、西が東に勝った最初です。そして結果論ですが、ビザンチン帝国は以後、一度も西に勝てずに滅びていくこととなります。

ちなみに、ビザンチン帝国の残党は抵抗を続け、抵抗勢力の一つのニカイア帝国が一二六一年に首都奪回、ビザンチン帝国を復活させます。ただ、すでに国家ごと精神は蝕《むしば》まれていました。自虐史観に陥るのです。我々がこんなひどい目にあうのは罪深いからだ、我々は天地創造のときから呪われている、といったメンタリティの国になってしまうのです。国としてのかたちは一四五三年まで続きますが、もはや抜け殻で、二百五十年間ひたすら領土をむしられ続け、枯れ果てるように滅びていきました。

南仏にアルビジョア十字軍を派遣したのも、インノケンティウス三世です。一二〇九年に始まり、一三三〇年に最後の信者が火あぶりにされてカタリ派が全滅するまで続きました。「異端の罪は異教の罪より重い」という言葉を地で行く話です。

アルビジョア十字軍はアルビの街を包囲しました。仲間の信者も街にはいます。そこで教皇庁に、どうすればよいか問い合わせました。教皇庁からの回答は、「すべてを殺せ、主はすべてを知りたもう」でした。神様のところへ送ってしまえば天国へ行く者と地獄へ行く者は、神様が仕分けてくれるから皆殺しにしろ、という超のつく凶暴さです。何が凶暴かというと、敵どころか味方のカトリックの信者であっても殺されるからです。

ちなみに少年十字軍もこのころで、旅半ばで奴隷商人に全員売り飛ばされました。

一二一七年に始まった十字軍は、連戦連敗のなかでもあまりにもみっともない負け方だったので、存在しなかったことにされています。日本人も概《おおむ》ねその歴史観に依拠しているようで、山川出版社『詳説　世界史B』（二〇一八年版）でも、本文で第四回までは説明して「その後も第7回まで十字軍はおこされた」と記しているだけです。

第五回十字軍は、教皇のホノリウス三世の呼びかけで行なわれました。しかし、皇帝フリードリッヒ二世は非協力的で、参加した諸侯の仲間割れも絶えません。攻撃命令が出ても動かないとか、無断帰国とか、軍隊の体をなしていませんでした。イスラム側が外交交渉を持ち掛け、領土交換によるエルサレム返還を申し出てくれたのに拒否したあげく総攻撃、そしてあえなく返り討ちで生存者は全員捕虜にされるという、これ以上ないほどみっともない惨敗でした。なかった気にしたくなる気持ちはわかります。

なぜ第六（五）回十字軍が最も重要なのか

一二二八年に始まる（教科書では第五回と習う）第六回十字軍は、日本人も学ぶべき最も重要な十字軍です。

このとき、イスラムの側も、内紛に明け暮れていました。当時のエルサレムは、スルタンであるアル・カミールと敵対するイスラムの一族が支配していました。ここは大事なポイントです。

十字軍を組織した皇帝フリードリッヒ（イタリア名フェデリコ）二世は、十九世紀スイスの歴史家ブルクハルトに「玉座に座った最初の近代人」と評された人です。子供のころから三カ国語ができ、後見についたインノケンティウス三世も驚いたという大英才で、成人してからはアラビア語も堪能でした。フリードリッヒはアル・カミールと文通を重ねて親友関係になり、ついには戦争ではなく交渉でエルサレムへの巡礼権を認めてもらうに至ります。

アル・カミールとしても、自分に盾突く連中の領土だから問題ありません。フリードリッヒは血を流さずに、エルサレムへの巡礼権を獲得します。巡礼権容認です。領土を獲得したわけではないので、エルサレム奪還とはいえないでしょうが、実質は獲得しました。

さて、ここからが問題です。フリードリッヒは一滴も血を流さずに巡礼権を取り返しました。すると、教皇グレゴリウス九世が怒ってフリードリッヒを破門したのです。西洋史家の多くは破門の理由について、「交渉で取り返せるくらいなら、向こうには弱みがあるということだから戦えばもっといけたのではないか、ということで怒りを買った」という、合理的な説明をしています。何でもかんでも合理的に説明すれば歴史を語ったことになると思ったら間違いです。事実が不合理ならば、その不合理を事実として語らねばなりません。

破門のほんとうの理由は、「相手を殺して取り返してこないから、けしからん」です。異教徒は悪魔ですから話し合いをしてはいけないのです。できるだけ「むごたらしく」殺して取り返すことが大事なのです。むごたらしく殺してやることこそが神の意思にかなうことである。それなのに、フリードリッヒは神の意思に逆らった。だから破門なのです。

『君主論』で知られる政治学者のニコロ・マキャベリは、歴史を事例として考察する手法を得意としました。有名な「結果は手段を正当化する」に当てはまる事例が、まさに第六回十字軍です。結果さえよければ手段を問うてはいけない、キリスト教徒の聖地巡礼が目的で結果を出したのだから、異教徒を殺してこいなどと手段にこだわってはならないという意味です。マキャベリは常識人で穏健思想なのです。ちなみに、これに似て非なる言葉が、「目的は手段を正当化する」で、イエズス会のモットーです。目的さえ正しければ何をやってもよいのだという、倒錯です。

さて、当然のようにフリードリッヒは怒り狂い、破門されたままローマ教皇庁に攻め込み、イスラム教徒は放っておいて、延々ローマ教皇庁との戦いに時間を費やします。

第七回十字軍も相変わらず失敗します。ところが、セルジューク・トルコの向こうからモンゴル帝国が攻めてきて、イスラムがそちらにてんやわんやなので助かりました。このとき、何を血迷ったか、時の教皇インノケンティウス四世はモンゴル人を十字軍に認定しようとしました。まったく夜郎自大《やろうじだい》なことで、当然、無視されています。性懲りもなく北京あたりまで使者を送ったりしていますが、相手にされるわけもありません。

最後の第八回十字軍となると、もはやエジプトにも行けず、チュニジア止まりです。イスラエル、エルサレムに向かうことさえできません。完膚《かんぷ》なきまでに叩き落とされ、十字軍国家は全滅します。

引用参考文献

アミン・マアルーフ『アラブが見た十字軍』（牟田口義郎・新川雅子訳、ちくま学芸文庫、二〇〇一年）

❖十一世紀—院政と十字軍

院政

西暦年	院政
1072	白河天皇即位
1086	白河上皇、院政開始。北面の武士を設置
1087	源義家、後三年合戦で勝利
1095	
1096	白川上皇、出家し法皇に
1097	平正盛、北面の武士に就任
1098	義家に院昇殿を許可
1099	
1101	
1105	延暦寺僧兵が入京して強訴
1107	鳥羽天皇即位
1108	北面の武士、延暦寺僧兵の入京を阻止
1109	源為義、正盛、僧兵の入京を阻止 平忠盛、山陽・南海道の海賊を平定
1118	
1120	
1129	白河法皇、崩御。鳥羽上皇、院政開始
1132	忠盛に院昇殿を許可
1133	忠盛、日宋貿易を管理 為義、検非違使を兼任
1142	鳥羽上皇、出家し法皇に
1144	
1147	
1148	
1149	
1150	このころ『今昔物語集』成立
1154	
1155	後白河天皇即位
1156	鳥羽法皇、崩御 保元の乱 平清盛、播磨守に任官。日宋貿易航路を整備
1158	後白河上皇、院政開始 清盛、大宰大弐に任官
1159	平治の乱
1160	清盛、参議に任官
1163	

十字軍

西暦年	十字軍
1072	
1086	
1087	
1095	クレルモン公会議で教皇ウルバヌス二世が十字軍宣言
1096	**第一回十字軍開始** 隠者ピエールの「民衆十字軍」、ハンガリーで収奪を繰り返す
1097	十字軍、小アジアに入りニケーア、ドリレウムを制圧
1098	エデッサ伯領成立、アンティオキア侯領成立
1099	エルサレム陥落。エルサレム王国成立
1101	後続の十字軍、小アジアで壊滅
1105	
1107	
1108	
1109	トリポリとベイルートを占領。トリポリ伯領成立
1118	このころテンプル騎士修道会が結成、エルサレム防衛の任務に
1120	このころ、聖ヨハネ病院騎士団（マルタ騎士団）成立
1129	
1132	
1133	
1142	
1144	最初の十字軍国家エデッサ伯領を喪失
1147	**第二回十字軍開始** ルイ七世とコンラッド三世、中近東に向けて出発
1148	ルイ七世とコンラッド三世、ダマスカス攻撃を決定
1149	ルイ七世、シチリア経由で帰国
1150	
1154	ヌラディンがダマスカスを奪取
1155	フランスの騎士ルノー・ド・シャティヨンがキプロス島を略奪
1156	
1158	
1159	
1160	
1163	エルサレム王国軍、1167年までエジプト遠征

年	日本	世界
1167	清盛、従一位太政大臣に任官、のち辞職	
1168	清盛、出家して摂津福原に移る	
1169	後白河上皇、出家し法皇に	フランク＝ビザンチン同盟成立。サラディン、アイユーブ朝を創始
1171	清盛の娘徳子、高倉天皇に入内	
1177	鹿ヶ谷事件。清盛、後白河法皇近臣を処罰 清盛、洛中に禿童を放って反対勢力を監視	
1179	清盛、後白河法皇を幽閉し、院政を停止	
1180	安徳天皇即位。以仁王と源頼政が挙兵、敗死 福原京遷都、京都還都、摂津大輪田泊を修築 源頼朝と源義仲が挙兵	
1181	清盛、死去	
1183	義仲、倶利伽羅峠の戦いに勝利。平氏、都落ち 後白河法皇、頼朝に義仲討伐を要請、東国支配権を承認	
1184	後白河法皇、頼朝に平氏討伐を要請し、平家没官領支配権を承認 摂津一の谷の合戦。後白河法皇、頼朝の推挙なしに源義経を叙任	
1185	壇ノ浦の戦いで平氏滅亡 後白河法皇、義経に頼朝追討の院宣を発給 頼朝、後白河法皇に義経追討の院宣を要求 頼朝、後白河法皇に守護・地頭の設置許可を要求	
1187	義経、奥州平泉に逃れるも、藤原秀衡死去	ハッティーンの戦い。サラディン、エルサレムを制圧
1188	頼朝、藤原泰衡に義経追討を要求。義経死去	サラディン、フランクのほぼ全領土を奪取
1189	頼朝、後白河法皇に奥州藤原氏追討の院宣を要求 頼朝、奥州平定。奥州藤原氏滅亡	**第三回十字軍開始** リチャード一世、フィリップ二世、フリードリッヒ一世の英仏独3君主が出陣
1190	頼朝、征夷大将軍任官を要求するが、後白河法皇は拒否 後白河法皇、頼朝を権大納言・右近衛大将に叙任	フリードリッヒ一世が小アジアに侵入するも溺死
1191	頼朝、政所を設置	リチャード一世、キプロス島を占領 アッコン奪回。フィリップ二世、帰国
1192	後白河法皇、崩御 頼朝、征夷大将軍に就任	リチャード＝サラディン協定 リチャード一世、オーストリアで捕虜に（1194年解放）
1193		サラディン死去
1198	後鳥羽天皇、土御門天皇に譲位して院政開始。西面の武士を設置	
1199		フランス諸侯が第四回次十字軍結成
1202		**第四回十字軍開始** ビザンチン帝国の皇子が現皇帝の叔父打倒を十字軍に依頼
1204		コンスタンティノープル陥落、ラテン帝国の樹立
1209		アルビジョア十字軍
1212		少年十字軍
1217		**第五回十字軍開始** 教皇ホノリウス三世、新たな十字軍を呼びかけ

西暦年	院政	西暦年	十字軍
1218		1218	エルサレム王の十字軍、エジプトのダミエッタ侵攻
1221	承久の乱。後鳥羽法皇は隠岐島に配流	1221	ナイル河氾濫で、エジプトから敗退
1228		1228	**第六回十字軍開始** フリードリッヒ二世、十字軍を組織して中近東に向け出発
1229		1229	ヤッファ協定。フリードリッヒ二世、エルサレムへの巡礼権を無血獲得
1244		1244	ヤッファ協定が破られ、シリアの一部族がエルサレムを占拠
1248		1248	**第七回十字軍開始** フランス王ルイ九世が十字軍を組織
1250		1250	マンスーラの戦い。ルイ九世を含む第七回十字軍全体が捕虜に アイユーブ朝が倒れ、マムルーク朝が成立
1258		1258	モンゴル帝国が西進、バグダッドを占領
1260		1260	マムルークのバイバルス、モンゴル軍を撃破
1261		1261	ラテン帝国滅亡
1268		1268	バイバルスにより、ヤッファとアンティオキアが陥落
1270		1270	**第八回十字軍開始** ルイ九世の十字軍、チュニジア遠征。ルイ九世、現地で落命
1289		1289	トリポリ陥落
1291		1291	エルサレム王国の首都アッコン陥落、シリアの十字軍国家滅亡

第6章

十二世紀——源頼朝とインノケンティウス三世

かたや政治の天才、かたやインテリジェンスの天才

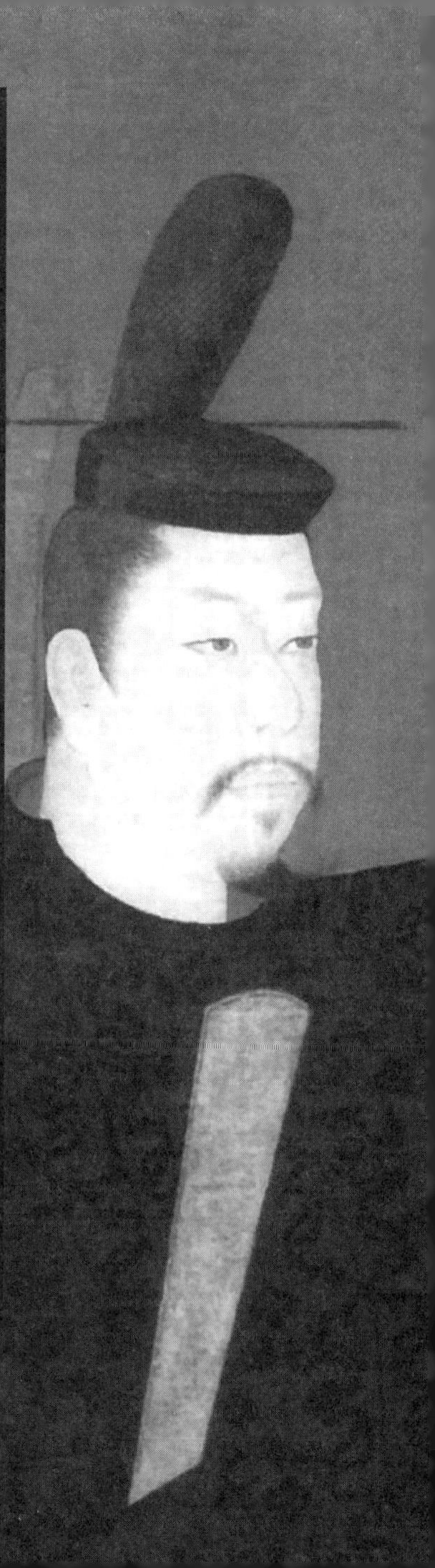

ほとんどの戦いに勝った最強のローマ教皇

インノケンティウス三世は、史上最強のローマ教皇と呼んでも過言ではないでしょう。

キリスト教世界には「五大管区」というものがありました。ローマ帝国の時代、キリスト教は、五つの管区に分けて教会と信徒を管理する方法をとります。西から、ローマ、コンスタンティノープル、アレクサンドリア、エルサレム、アンティオキア（現在のトルコの都市）です。それぞれの管区に大司教が置かれた教会がありました。

インノケンティウス三世は、この五大管区の一人の司教にすぎなかったローマ教皇を、最初からローマ教皇こそキリストの後継者としての首位権、つまり無二の権威と最高の統治権力があったのだ、と主張して讃え上げ、そして実際にそのとおりにしてしまい、生きているあいだ、絶対の独裁権力を保ち続けた人です。

五大管区は、ローマ帝国から始まっている話ですから、ビザンチン帝国が存在しない時代には、たしかにローマが首位権をもっていました。しかし、三三〇年のコンスタンティノープル遷都で、首位権は東方に移ってしまいます。ところが遷都されてしまったローマだけは頑なにそれを認めません。と同時に、誰からも相手にされません。いくらビザンチン帝国がつねに東方の脅威にさらされて弱体化しているといっても、西よりは強いのです。かのカール大帝がビザンチン帝国には膝を屈して「皇帝」の地位を認めてもらった話は、すでにしました。

そこで初めて東方に勝利し、二度と負けなかった教皇が、インノケンティウス三世です。前章でお話しした第四回十字軍です。インノケンティウス三世は周辺諸国すべてに喧嘩を売り、そのほとんどに勝利しているのです。

ちなみに私はインノケンティウス三世について、扶桑社の「嘘だらけ」シリーズなどの著書をはじめ、いろいろな場所で「史上最強のローマ教皇」と語ってきました。最近では学界でも、その評価が浸透しているようです。たとえば関東学院大学教授の歴史学者・君塚直隆氏が『物語イギリスの歴史（上）』（中公新書、二〇一五年）八八頁で、「ジョンはすぐさま反撃に出ようとした。しかし、フィリップ尊厳王の次に彼の前に立ちはだかったのが、史上最強のローマ教皇とも呼ばれるインノケンティウス三世であった」と表現されていたのを発見したのには、ほくそ笑んだものです。

さて、我が国の偉大な政治家である源頼朝はインノケンティウス三世の同時代人です。並べて比べてみましょう。

マグナ・カルタに「無効」の勅命を発する

一一六一年、日本で後白河法皇が院政の新拠点とすべく法住寺殿《ほうじゅうじどの》を完成させているころに、インノケンティウス三世がイタリア中部で生まれます。コンティ家という、名門の貴族の出身です。二十九歳で枢機卿《すうききょう》になり、三十七歳で教皇に選出されました。

教皇は、まず軽くフランスを殴ります。当時のフランス王はフィリップ二世、尊厳王と称された強い王様です。先妻を失ったのでデンマーク王の娘を娶《めと》りますが離婚し、アニェスという最愛の妻を見出したもののローマに結婚無効認定されてしまいます。しかし引き続き結婚生活を続けていたのですが、一一九八年、教皇に就任したばかりのインノケンティウス三世に破門されてしまいます。かなり抵抗しましたが、結局は教皇の助力を乞うために結婚無効を認めざるをえませんでした。

この程度は教皇にとって挨拶レベルの片手間で、熱中したのは神聖ローマ帝国の皇帝人事への介入でした。

当時の皇帝・オットー四世の即位を認めず、困らせます。気に入らない廷臣を勝手にイタリアから追放しますから、皇帝の権威はゼロです。教皇による、諸侯が選定する国王候補者に対する審査制を呑まされたうえで、やっと神聖ローマ皇帝となったオットー四世ですが、「世襲はしない」という条件を公約させられました。支持すると見せかけてコントロールの楔《くさび》を打ち込む手口をインノケンティウス三世は得意としたのです。

オットー四世には、ライバルとして対立皇帝フィリップ（フリードリッヒ二世の叔父）がいました。インノケンティウス三世は二股をかけていましたが、機を見てフィリップを破門のうえ、暗殺します。するとオットー四世が、敵がいなくなった以上、もはや教皇の指図など受けないという姿勢を見せました。インノケンティウス三世は激怒してオットー四世を破門、対立皇帝として擁立したフリードリッヒ二世が一二一五年に神聖ローマ皇帝として承認されます。

なお、フリードリッヒ二世は前章で紹介した「玉座に座った最初の近代人」ですが、幼いころはインノケンティウス三世の薫陶《くんとう》を受けていました。

第四回十字軍が東ローマ帝国を滅ぼした話も前章でしましたが、史料では教皇は出先の十字軍の勝手な行動に手を焼いたことになっています。しかし、本気で意に沿わないなら、破門してしまえばよかったのです。事実、一二〇二年に第四回十字軍をすべて破門しています。

フランス、神聖ローマ帝国、東ローマ帝国に勝つくらいですから、イングランドに至っては、ブリテン島南部の小国にすぎない国など、教皇にとってひとひねりです。

当時のイングランド王ジョンは、カンタベリー大司教の叙任権闘争などといった真似をするものだから破門されてしまいます。ジョン王は、イングランド領全土を献上します、などといって許しを乞うばかりでした。なお、弓使いで有名なロビン・フッドは、この時代の伝説上の人物です。

ジョン王は一二一五年、本国貴族たちに強いられてマグナ・カルタ（大憲章）に署名します。議会の承認がなければ税は徴収できないという原則や、法律と裁判の原則などを約束しました。日本の教科書では、マグナ・カルタは、人権保障、立憲主義の最初だと特筆されています。

このマグナ・カルタに対して、インノケンティウス三世は無効の勅命を発します。イングランド王は主と教会以外の約束に縛られるべきではない、つまり「俺様以外、国王を制約するな」といって粉砕しました。以後数百年、イングランド人はマグナ・カルタのことなど忘れてしまいました。

情報を武器にした「インテリジェンスの達人」

すでに見てきたように、「十字軍はエルサレムから遠くなればなるほど成功率が高くなる」という不思議な法則があります。

インノケンティウス三世は、まず東ローマ帝国を踏みつぶしましたし、カタリ派を異端認定して南仏のアルビにも十字軍を派遣しました。

なぜ異端とされたかというと、カタリ派は「父（神）」と「子（キリスト）」と「聖霊」が「一体」であるとする教えである三位一体を認めないからです。イスラム教の影響があったという説もあります。イスラム教は、三位一体とは何のことを指すのか、さっぱりわかっていません。「神とキリストとマリアが一体などというのは、おかしいだろう」と不思議がるばかりです。その理由は簡単で、そもそも聖書には、三位一体の一つであるところの「聖霊」とは何なのか、どこにも説明がないからです。

古代グノーシス派も三位一体を否定したので、殲滅《せんめつ》されました。ただ最後の信者が殺されたのみならず、存在そのものを抹殺しました。グノーシス派（景教）は奈良時代の日本に来ているのに、「一五四九年キリスト教伝来」などと日本で教えられているのも、その一環です。物理的に殺しただけでは飽き足らず、存在した歴史そのものを抹殺する。これが「すべてを殺せ」のほんとうの意味です。

中国において政治の最終的な勝者の特権は、歴史を好き勝手に書き換えることで、存在した人物や団体、ときには国そのものをなかったことにしますが、これはキリスト教世界でも当たり前のことなのです。

さて、インノケンティウス三世はイスラム教徒にも勝っています。一二一二年、イベリア半島において、ムワッヒド朝をラス・ナバス・デ・トロサの戦いで撃破しました。もちろん大局的には一時的な善戦ですが、教皇の権威は高まりました。

一二一五年、第四ラテラン公会議でインノケンティウス三世は「教皇は太陽。皇帝は月」という内容の有名な演説を行なっています。こんなことをいわれても、皇帝は何もできません。このセリフ、教皇就任当初の若いころからいっていたのですが、インノケンティウス三世の人生は戦いに明け暮れ、勝利を重ねてきたということです。

教皇に選出された一一九八年のセリフも掲げておきます。

全宇宙の創造主である神は、天の大空に二つの大きな発光体を置いた。大きな光に昼を支配させ、小さな光に夜を支配させた。これと同じように、天と呼ばれる普遍的な教会の大空にも、神は二つの大きな栄誉ある職位を制定した。大きいほうの位には昼にたとえられる魂をつかさどらせ、小さいほうに夜にたとえられる肉体をつかさどらせる。この二つの位とは教皇の権威と王の権力である。月はその光を太陽から受け、事実、量においても質においても、地位も効力も太陽に劣るものである。それと同じように王はその権力を教皇の権威から受け、教皇の権威に近づけば近づくほど、王の権力の光は薄れ、遠ざかれば遠ざかるほどその光は増すのである。

（「フィレンツェの執政官アチェルプスにあてた書簡」『カトリック教会文書資料集』A・ジンマーマン監修、浜寛五郎訳、エンデレ書店、一九七四年）

インノケンティウス三世の権力の源は、懺悔《ざんげ》を義務化したことです。つまり、権力者から末端の平民まで、全カトリック教徒の弱みを握ることに成功したのです。教会の懺悔を通じて、情報を巻き上げる。情報は武器ですから、インノケンティウス三世は史上稀に見るインテリジェンスの達人です。

幼少期に培われた頼朝の行動原理

そのころ日本は、日本史に残る激動の時代を迎えていました。数百年続いた摂関政治が形骸化し、とって代わった院政の腐敗が頂点に達しました。そして、保元平治の乱を通じて武士の時代に突入します。

その激動の主人公である源頼朝は、インノケンティウス三世の十四歳年上です。そして、十六年早く死んでいます。頼朝は義朝《よしとも》の三男でしたが、母親の由良御前《ゆらごぜん》が熱田大宮司家の出自で身分が高く、嫡男として扱われました。なお、腹違いの長男に強弓の使い手で有名な悪源太《あくげんた》義平《よしひら》がいます。ちなみに、戦国の三英傑といえば織田信長、豊臣秀吉、徳川家康ですが、頼朝も生まれは尾張国熱田ですから、「愛知四英傑」と呼ばれる場合もあります。ついでにいうと、足利尊氏の本拠地も三河です。日本史上、五つの武家政権をつくった天下人はすべて、愛知県から生まれていることになります。

一一五六年の保元の乱では、頼朝は戦に参加していません。後白河天皇に味方した父の義朝は勝ち組になりました。息子の頼朝も皇后に仕える職に就くなど出世します。頼朝の初陣は数え年十三歳のときの、平治の乱でした。義朝は平清盛に完敗します。ただ、父親の義朝は殺されましたが、頼朝は見逃してくれました。平清盛という人は、詰めが甘いのです。

この幼少期の体験で、のちの頼朝の二つの行動パターンが生まれました。父親の義朝は、都落ちする途中、家人《けにん》に暗殺されています。この経験があるので、頼朝は、裏切り者は絶対に許しませんでした。自分の側に寝返るかたちで裏切った者も許さないという徹底ぶりです。もう一つ、敵方の子供は殺します。なぜならば、のちに自分が平家を滅ぼしたからです。

それは未来の話として、一一六〇年から二十年間、頼朝は島流しになります。この間、頼朝が何をやっていたかというと、女遊びに明け暮れていました。この時代には珍しく、北条政子とは恋愛結婚です。他の人と結婚するのが決まっていたところを、政子が逃げ出して、駆け落ち同然に結婚したとか。しかし頼朝の浮気癖はやみませんでした。そうやって女遊びばかりしているから京都が油断してくれたということもあります。ただし、頼朝の場合は作戦としてわざとやっていたわけではなく、ほんとうの女好きです。ほんとうかどうかわかりませんが、夜這いをかけに行ったところを家臣に賊と間違えられ、切り殺されかけたという噂が、まことしやかに流れるほどですから。

軍事は苦手だが、政治の大天才だった

平清盛の権力が絶頂を極めていた一一七七年、京都で鹿《しし》ヶ谷《たに》事件が起きます。後白河法皇の側近たちが、瓶子《へいし》（とっくり）を転がしながら平氏打倒の陰謀を企てていたという事件です。あきれた参加者の一人が清盛に密告して発覚しました。激怒した清盛は、黒幕である後白河法皇を幽

閉しました。しかし、これで懲りないのが法皇であり、清盛も詰めが甘いのです。

一一八〇年、法皇の第三皇子である以仁王《もちひとおう》が決起しました。以仁王自身はあっという間に討ち死にしますが、以仁王の令旨《りょうじ》は全国に伝わります。令旨は、皇子が出す公式の命令書です。全国の源氏が決起し、頼朝も立ち上がります。

頼朝も、配流先の伊豆で挙兵します。まず山木兼隆《やまきかねたか》を討ちますが、この山木兼隆という人は、政子が頼朝に惚れたためにあわてて父の時政《ときまさ》が嫁がせようとした相手であると『曾我物語』（鎌倉末期または室町前期成立）には描かれています。山木兼隆の本姓は平です。ちなみに、北条政子も平氏、つまり時政も平氏です。討たれた山木さん、何事もなければ地方の小役人で終わったのでしょうが、何かの因縁で日本史に汚名だけを残すこととなりました。踏んだり蹴ったりの人生です。

しかし、勝った頼朝もまぐれでした。小田原の石橋山であっという間に敗れ、いまの千葉県房総半島南端の安房《あわ》国に逃げます。このときの逃亡ぶりはのちのちまで政子に「あのときは私がどれほど心配したと思っているのですか⁉」と一喝されたほど、ぐうの音も出なかったという負けっぷりです。洞窟の陰に隠れていたところを捜索隊の梶原景時《かじわらかげとき》が見つけたけれどもあえて見逃し、のちに頼朝の側近として取り入ったという言い伝えもあります。

頼朝は、軍事は苦手でしたが、政治は大天才でした。とくに人の心をつかみ、まとめる才能に長《た》けていました。そして敗走中も、生き延びさえして、拠点さえつくってしまえば勝つと考えているのです。たんなる人心掌握ではなく、武士たちに有無をいわせない人間力があったのです。

一例ですが、安房国に逃げたとき、地元の千葉常胤《つねたね》という武士が一族三〇〇余騎ほどを引き連れて馳せ参じました。ただし、悠々と遅刻して。頼朝を舐めて、かつ恩を着せようという態度です。これに頼朝は一喝、あまりの威圧感に武士団がひれ伏したとか。この種の逸話には事欠きません。

ただし、他の人が真似をしたら失敗するでしょう。頼朝は清和《せいわ》天皇に連なる、貴種です。他の武士とは身分が違うのです。千葉常胤にかぎらず、昨日まで流人だった頼朝よりも現実のパワー、軍事力や経済力をもっていた武士など、ゴマンといました。北条時政だってそうです。しかし、パワーだけでは越えられない「貴種」であるという武器を、頼朝は最大限に利用したのです。

貴種である頼朝には、諸刃の刃《やいば》ともいうべき問題がありました。自分は京都風のお公家さんであると見せることによって、武士たちにいうことを聞かせることができます。「あの人は違う」と思わせるのが大事なのです。しかし、ほんとうはそうではない人だと思われたら、逆に離反されてしまいます。そうしたぎりぎりのところに頼朝はいました。

頼朝は鎌倉を本拠地に選びましたが、たんに京都に地形が似ていたから選んだのではないかとの疑念もあります。

鎌倉幕府滅亡の際にはひと月ももたずに陥落しました。その担い手である新田義貞《にったよしさだ》は戦争が下手で有名な御仁ですが、こんなところに本拠地を置いたばかりに義貞にビギナーズラックを献上しています。南北朝の動乱でも、守った側が勝った例が一つもありません。足利幕府は鎌倉将軍府（鎌倉府の前身）を置きましたが、政治的理由だけです。その後、鎌倉府が古河公方《こがくぼう》と堀越公方《ほりごえ》とに分裂したとき、双方とも鎌倉を本拠地にしていません。戦国大名の後北条《ごほうじょう》氏は小田原、その後に襲封《しゅうほう》された徳川氏は江戸と、鎌倉は顧みられていません。そんな場所を戦時の本拠地にした頼朝の軍事能力は、疑ったほうがよいでしょう。

なお、頼朝の戦は単純で、数を集めれば勝ち、集めなければ負けるです。

兄と違って「軍事馬鹿」だった義経の悲劇

頼朝は駿河国まで攻め込んで、富士川の戦いで平家に勝ちました。しかし、鎌倉に引き返して、拠点づくりに精を出します。

それを尻目に、同族の木曾《きそ》義仲《よしなか》が快進撃を続けます。義仲は以仁王の令旨を受け取ると根拠地の木曾で挙兵、都に向かって進撃を開始します。一一八三年には、現在の富山県と石川県の県境にある倶利伽羅《くりから》峠の戦いで一〇万ともいわれる平家軍を撃破し、京都に進入しました。平家は都落ちを余儀なくされています。

平家の落日は止まらず、一族の総帥である平清盛が病死、劣勢は覆い難い状況でした。これを憂いている人物がいました。後白河法皇です。

よく源平合戦といいますが、平家討伐を命じた黒幕である法皇とて、源氏が力をつけすぎるのは快く思いません。源氏の分断工作を図っているのです。現に、頼朝より実力が上だと過信している源氏もいました。新田氏や武田氏です。頼朝はそういった連中を好まず、忠誠心が高かった足利氏を重用することとなりました。

また一一八三年、頼朝は叔父の源義広（志田義広）を討伐しています。頼朝に所領横領の嫌疑をかけられての挙兵だったようです。

頼朝も平氏を放っておいたわけではなく、弟の範頼《のりより》と義経《よしつね》を差し向けました。ところが、義経は政治がまったくわからない軍事馬鹿でした。頼朝の思惑は、平家討伐を名目に、全国に支配権を及ぼすことです。そもそも、なぜ武士たちが頼朝を支持するのか。公正な裁判を行ない、自分たちのもっている土地を守ってほしいからです。院や摂関家のでたらめな政治を終わらせてほしいのです。しかし、千年にわたって全国に根差した権門の力はまだまだ強い。皇室と貴族、寺社を合わせて、権門といいます。頼朝がやろうとしたのは、権門に対して武士の権利を認めさせることなのです。

ところが義経は「父の仇！」と一目散に平氏を蹴散らします。一の谷、屋島、壇ノ浦と、一気に追い詰めました。世間は義経をもてはやします。最後は壇ノ浦に追い詰めて平家を滅ぼしたはよいのですが、安徳《あんとく》天皇の入水《じゅすい》を止められないわ、三種の神器《じんぎ》が沈んで草薙《くさなぎ》の剣が浮かんでこないわの、大失態です。

そんな義経を後白河法皇が持ち上げ、義経も勝手に官位をもらいます。あげくは、法皇は義経に頼朝追討の院宣《いんぜん》を出しました。これに激怒した頼朝は舅の北条時政を上京させて大軍で進駐、院宣を撤回させるだけでなく、さまざまな条件をつけました。

頼朝は義経追討だけでなく、全国に守護地頭を置く権利を認めさせました。文治《ぶんじ》の勅許《ちょっきょ》です。頼朝は義経捜索を名目に、全国に自分の代官を置く権利を認めさせていきます。また、在庁官人といって、その地方に根差している役人への影響力を強めていきました。

京都の院や摂関家に連なる人々がキャリア官僚だとするならば、在庁官人は県庁官僚でしょうか。いわゆる〝県庁さん〟です。さらに、大江広元《おおえひろもと》や三善康信《みよしやすのぶ》のような〝ノンキャリア〟官僚を鎌倉に呼び寄せ、「幕府」の体裁を整えていきます。

ところで、昔は頼朝が征夷大将軍に任じられた一一九二年を「イイクニつくろう、鎌倉幕府」と覚えたのですが、最近は「イイハコ〜」だそうです。だったら、室町幕府や江戸幕府の成立年も揃えなければおかしいのですが、歴史学界の人は自分の専門ではない時代には関心がないようです。

鎌倉幕府成立年代に関しては戦前から七つくらいの説で論争しているのですが、なぜ一一九二年説が否定されたかの最も説得力がある説明として、髙橋昌明神戸大学名誉教授のご著書を紹介しておきます。「一一九二年説についていえば、その後幕府の首長が継続的に就任するようになる征夷大将軍職の始まりに触れているだけで、幕府の歴史的性格を積極的に説明する説にはなっていない。形式論なので学界では人気がない」だそうです（髙橋昌明『武士の日本史』岩波新書、二〇一八年、七四頁）。

現代の歴史学者の評価はともかく、現実には後白河法皇は死ぬまで頼朝の征夷大将軍就任を受け入れませんでした。

頼朝は義経をかくまった藤原秀衡《ひでひら》を追討し、東北地方を傘下に入れました。このときは二八万の大軍を率いたとのことですが、その数字はともかく、頼朝の威勢はわかります。

頼朝は一一九九年に死去します。その仕事は、嫁の実家の北条氏が引き継ぎました。カリスマの頼朝を失い、鎌倉幕府は内輪揉めに明け暮れます。源氏将軍は長男の頼家《よりいえ》と次男の実朝《さねとも》が相次いで暗殺され、三代で消滅。北条氏も時政が娘の政子と息子の義時《よしとき》に追放されて失脚。と、挙げていくとキリがないのですが、政子が尼将軍《あましょうぐん》、義時が執権、そして大江広元がブレーンとして切り盛りしていきます。

彼らが掲げたのは、「頼朝公以来の先例と道理」です。朝廷の古い制度下では、公正な裁判が行なわれませんでした。それを頼朝が約束して武士の支持を得ました。武士からすると、公正な裁判を行ない自分たちの土地を守ってくれるなら、源氏将軍だろうが、北条執権政治だろうが、何でもよいのです。

さて、ユーラシア大陸のメインストリームでは、世界的な大激動が起きました。チンギス・ハンの世界征服が始まったのです。

引用参考文献

君塚直隆『物語 イギリスの歴史（上）』（中公新書、二〇一五年）

A・ジンマーマン監修『カトリック教会文書資料集』（浜寛五郎訳、エンデレ書店、一九七四年）

髙橋昌明『武士の日本史』（岩波新書、二〇一八年）

❖十二世紀—源頼朝とインノケンティウス三世

西暦年	源頼朝	西暦年	インノケンティウス三世
1147	源義朝の三男として、尾張熱田神宮付近で誕生	1147	
1156	保元の乱	1156	
1158	皇后宮権少進となる	1158	
1159	平治の乱。頼朝13歳。父・義朝に従い参戦し敗れる	1159	
1160	父・義朝は謀殺され、頼朝は伊豆国蛭が小島へ約20年間配流。弟・義経は鞍馬寺に	1160	
1161	後白河法皇、法住寺の移徙	1161	イタリア中部、アナーニ近郊のガヴィニャーノで生誕。本名ロタリオ・ディ・コンティ。コンティ家は裕福な伯爵家で、インノケンティウス三世を含め9人の教皇を輩出
1177	鹿ヶ谷事件。平清盛、後白河法皇の近臣らの反平氏派を処罰 伊豆で北条政子と結婚。長女・大姫が誕生	1177	
1179	平清盛、クーデターを起こし後白河法皇を幽閉	1179	
1180	以仁王の令旨。源頼政が挙兵し、宇治川で敗死。以仁王、討死 伊豆韮山で平家追討の挙兵、山木兼隆を討つも石橋山の戦いで敗れ、安房国に逃れる 木曾義仲、信濃で挙兵 頼朝のもとに、安房、相模、武蔵の反平氏の武士が結集、4万の大軍で鎌倉へ 平氏追討のため、西国に向かって鎌倉を出発、甲斐源氏の武田軍合流 10月、富士川の戦い。平氏敗走。義経、黄瀬川で頼朝と対面	1180	
1181	高倉天皇、崩御。後白河法皇、院政を再開。平清盛、63歳で死去	1181	
1182	北条政子が懐妊。嫡男・頼家、誕生	1182	
1183	野木宮合戦で叔父・源義広を討伐。義仲と信濃国で対峙、義仲の長男・木曾義高を人質に 平氏、義仲追討のため、平維盛10万の大軍を越中へ派遣。倶利伽羅峠の合戦。義仲軍、砺波山で平氏を撃破 平氏、安徳天皇を連れて都落ち、屋島に拠点 義仲軍、京都で乱暴狼藉。後白河法皇、頼朝に義仲追討を宣旨。同時に義仲には平氏追討を宣旨 義仲がクーデター決行、後白河法皇を幽閉。頼朝、義仲追討のため、義経と範頼を派遣	1183	
1184	義仲、征夷大将軍に(朝日将軍) 義経は宇治で、範頼は瀬田で義仲軍を撃破。義仲は粟津で討死 後白河法皇、頼朝と範頼に平氏追討の院宣を発する。両名、平氏追討のため京を出発 義経、一の谷で平氏を撃破。平氏、屋島へ。頼朝、人質の木曾義高を殺害 義経、後白河法皇から検非違使を任じられ、頼朝と対立 義経に、屋島攻撃の出陣を指示	1184	
1185	屋島の合戦。義経・範頼軍、屋島で平氏を撃破。平氏、西国へ敗走 義経、壇ノ浦で平氏を撃破。安徳天皇、8歳で没。義経、京へ凱旋 義経が平宗盛と清宗父子を伴い鎌倉近くに帰参するも、頼朝、義経を鎌倉外に留める 義経、頼朝へ腰越状。頼朝、義経暗殺に土佐坊昌俊を派遣するも発覚 義経を鎌倉に入れぬまま京に戻し、60余騎で京の義経邸を襲わせる 後白河法皇、義経に頼朝追討を宣旨するも圧力を受け、逆に、頼朝に義経追討の宣旨 義経と行家を京より追い払う。義経と行家を捕らえよとの院宣 文治の勅許。頼朝、全国に守護、地頭を設置 頼朝の推挙により親幕派の九条兼実、摂政に	1185	

西暦年	源頼朝	西暦年	インノケンティウス三世
1187	義経、奥州の藤原秀衡を頼るも秀衡、没	1187	
1188	義経追討の宣旨が再び発せられる	1188	
1189	義経、藤原泰衡に攻められ衣川館で自害。頼朝、平泉に入り、奥州・藤原氏は滅亡	1189	
1190	頼朝、上洛。権大納言、右近衛大将に任命されるも両官辞任。鎌倉へ帰還	1190	枢機卿となる
1192	後白河法皇、崩御 頼朝、征夷大将軍に。二男・実朝誕生	1192	
1193	富士の巻狩りの際に曾我兄弟の仇討ちが発生。弟・範頼を伊豆へ追放し、殺害	1193	
1195	頼朝、再び上洛。東大寺供養	1195	
1197	娘・大姫、死去	1197	
1198	相模川の橋の完成祝いに出掛け、帰路稲村ガ崎で落馬	1198	37歳の若さで教皇に選出。前教皇が無効とした再婚を認めずにいたフランス王フィリップ二世を破門 オットー四世、神聖ローマ皇帝に
1199	頼朝、出家後、死去。持仏堂に葬られる	1199	リチャード一世がフランス戦役で陣没、ジョンがイングランド王に
1201		1201	ノイス条約。スポレート公国、アンコーナ、トスカーナ辺境伯の元・ローマの帝国領がローマ皇帝オットー四世により正式に教皇領に
1202		1202	第四回十字軍開始。十字軍、ヴェネチア統領ダンドロからの支援と交換にザラ市を攻撃。激怒した教皇、十字軍をすべて破門
1204		1204	第四回十字軍がコンスタンティノープルを征服、ラテン帝国を建国
1208		1208	神聖ローマ皇帝フィリップの勢力を恐れ、バイエルン宮中伯オットー八世と謀ってフィリップを暗殺
1209		1209	イングランド王ジョンを破門 フランス南部のアルビジョア派を異端とし、アルビジョア十字軍を派遣して弾圧(～29年)。「すべてを殺せ。主はすべてを知りたもう」と教皇庁
1210		1210	オットー四世を破門、廃帝に追い込む
1212		1212	キリスト教諸国和睦など教皇の下準備のもと、カスチラ王アルフォンソ八世らイベリアのキリスト教徒軍がムワッヒド朝をラス・ナバス・デ・トロサの戦いで撃破 後見するフリードリッヒ二世が神聖ローマ帝国の対立皇帝に 少年十字軍、起こる
1213		1213	イングランド王ジョンが教皇に屈服
1214		1214	フランス王フィリップ二世、ジョンとオットー四世の連合軍を撃破(ブービーヌの戦い)
1215		1215	第四ラテラン公会議で「教皇は太陽。皇帝は月」と演説 イングランド王ジョン、諸侯よりマグナ・カルタ(大憲章)を承認させられる フリードリッヒ二世、神聖ローマ皇帝として承認される
1216		1216	イングランドで内乱勃発。ジョン王が没し、ヘンリー三世が即位 インノケンティウス三世、55歳で死去

第7章

十三世紀――北条時頼とポーランド騎士団

日本と西欧を同時に襲ったモンゴルの脅威

侵攻するモンゴルVSポーランド騎士団

私が敬愛する歴史学者の岡田英弘先生は常々、「モンゴルが世界史をつくった」とおっしゃっていました（『世界史の誕生』『モンゴルから世界史を問い直す』など）。

地球で人間の住む陸地の大半はユーラシア大陸です。そのユーラシア大陸全土に影響力を及ぼした最初の人物がチンギス・ハンであり、モンゴル帝国です。だから、一つの説得力のある見方だと思います。

西はヨーロッパから、東は日本までが、モンゴルのつくった世界史に巻き込まれました。日本でモンゴルを撃退したのは、鎌倉幕府です。ヨーロッパでモンゴルに立ち向かったのは、ポーランド騎士団です。ヨーロッパの東端にいたからです。

日本人は、ヨーロッパの東端の国はロシアではないかと勘違いしています。ロシアが成立するのは、一七二一年です。モンゴルが攻めてきたときには、ロシアなどという国はありません。この時点では、モスクワ・キエフ・ノヴゴルドの三国があるだけで、のちにその三国がまとまってロシアとなるのです。ちなみに、その三国ともモンゴルに蹂躙され、支配下に置かれました。数百年にわたる「タタールのくびき」の始まりです。これを断ち切ったのがモスクワ大公国のイヴァン雷帝です。

さて、「モンゴルが世界史をつくった」といいますが、やられた側から見るとモンゴルなど「世界史的災厄《さいやく》」にほかなりません。

ヨーロッパの東端の大国であるポーランドは、もろに災厄を受けました。

ポーランドとは「平原」という意味のポーランド語poleからきている国名です。地形は真っ平で、外敵の侵入を阻むような自然の地形がありません。だから、強く賢くないと生き残れなかったのです。

近世以降のポーランドというと、事あるごとに西のドイツと東のロシアに分割されてばかりの印象がありますが、古代と中世では強い国です。東にはロシアなどという大国はありませんし、モスクワ・キエフ・ノヴゴルドのごときスラブの蛮族があるばかり。別に蛮族とは差別語でいっているのではなく、当時はそうした見方が自他ともに認めるところであったとの事実を受け止めねば、歴史が見えなくなります。だいたい、ロシア（モスクワ帝国を名乗っていた）がヨーロッパと認められたのは、一六八三年の第二次ウィーン包囲（オスマン帝国がウィーンを包囲するが、失敗）のとき、ポーランドがお情けで他国に掛け合ってくれたからなのですが。

ドイツなど、国としてまとまったのは、一八七一年です。それは遅すぎとしても、プロイセンが大国になるのも十八世紀ですし、オーストリア（神聖ローマ帝国）の戦争の弱さには定評があります。要するに、ポーランドは強かったから生き残れた、という単純な話です。

中世ポーランドには、勇猛な騎士団がいました。それがポーランド騎士団です。

敬虔なカトリック国であるポーランドは、北方十字軍にも参加しています。ちなみに、現在のポーランド共和国よりも東寄りに存在しました。

いまのバルト三国（エストニア、ラトビア、リトアニア）あたりに、さらにドイツ騎士団領というのがありました。のちにプロイセン王国を建国する人たちです。ポーランドは一四一〇年、タンネンベルクの戦いでドイツ騎士団と戦い、圧勝しました。ポーランドのほうが圧倒的に強いのです。なお、第一次世界大戦中の一九一四年にもドイツがロシアを破ったタンネンベルクの戦いがありますが、場所は一〇〇キロメートルも離れています。

基本的に中世のドイツ人は、大国ポーランドに金で雇われていた傭兵です。

一二四〇年、モスクワ・キエフ・ノヴゴルドの三大ルーシ（ロシアの古称）をモンゴルが征服します。モンゴル帝国は、すさまじい勢いで膨張しました。

一二〇六年、モンゴル諸部族の長（ハン）に、テムジンが選ばれました。チンギス・ハンです。チンギス・ハンはモンゴル諸部族を傘下に収め、周辺諸国を侵略していきます。一代で東シベリアから中央アジアまでの大帝国になりました。

チンギス・ハンの死後、一二二九年にオゴデイがハンの位を継ぎます。オゴデイは東では満洲族の金を滅ぼします。金は漢人の宋から毎年貢納金を巻き上げていた、要するに〝カツアゲ〟していたほどの強国です。しかし、モンゴル帝国には嬲《なぶ》り者にされるだけで、一二三四年には滅びてしまいました。オゴデイはイラン（ペルシャ）にも攻め込み、一二三一年、ホラズム朝を滅ぼします。イランは古代より文明の最先進地域で、その征服をモンゴルは重視しました。

つまり、モンゴルはそこら中に手当たり次第に征服を続け、ヨーロッパに目をつけたのです。

一二四一年四月、ワールシュタットの戦いが起きます。侵攻するモンゴルに対し、ポーランドを中心にカトリックの騎士団が結集し、神聖ローマ皇帝も兵を送ります。感覚的には全ヨーロッパ連合軍vsモンゴル帝国です。結果は、モンゴルの圧勝です。以後、一カ月もポーランドは国中を荒らされました。

その後、ハンガリー、オーストリアへと攻め込みます。あと一年もこの調子なら、ヨーロッパはすべてモンゴル帝国に組み入れられたでしょう。

ところが、十二月。オゴデイが崩御します。次のハンを決めねばなりません。モンゴル人は、クリルタイといって全部族が集まって大会議をします。世界中を荒らし回っていたモンゴル人は、急いで首都のカラコルムに帰ってきます。当然、ヨーロッパ遠征軍も引き揚げます。

これにより、ヨーロッパは事なきを得ました。

その後もモンゴルとの最前線に位置したポーランドは、矢面に立ち続けます。一二五九年の第二次ポーランド侵攻では、ルブリン、サンドミェシュ、クラクフ、ビトムといった都市が、とりあえず焼き払いされています。このときもモンゴルは手当たり次第で、東ローマ帝国にも侵攻しています。

一二八六年の第三次の侵攻は、サンドミェシュとクラクフが防衛都市として何とか食い止めたと評価してよいでしょう。このときのモンゴルはイラン方面に主力を割かねばならず、総力を結集して戦ったポーランドを崩せなかったのです。

演説で日本の政治が動いた唯一の瞬間

モンゴルがユーラシア大陸を席巻している情報は、日本にも入ってきています。主に宋からの情報なので、かなりのバイアスがかかっていたといわれます。要するに、「モンゴルというのは凶暴で、通ったあとには草木も生えない」式の吹き込みです。あながち間違いではないのですが、海を越えた日本にまで同じことをしたがっていたかは疑問の余地があります。

とにもかくにも、中華帝国の宋や北方騎馬民族を軽く屠《ほふ》る巨大な敵に「従わないと攻めるぞ」といわれて、「はいそうですか」といわないのが鎌倉武士です。相手に何をされるかわからないので、国が一丸となって戦おうという人たちです。

ちなみに、これが室町幕府なら、「最初から頭を下げて、むしろ貿易の利益をもらおう」と言い出すところですが、足利は日本史の例外です。日本人は、鎌倉武士のように生真面目な人たちなのです。

鎌倉幕府は源頼朝死後の飽くなき抗争をへて、北条氏の専制政治が確立しました。この人たちはもともと政所《まんどころ》といって幕府の財政を預かる一族だったのですが、一二一三年の和田合戦で侍所《さむらいどころ》を取り仕切る和田義盛《よしもり》を滅ぼし、両方の長官を兼ねるようになりました。財務省が軍部に勝ったわけです。そしていつの間にか侍所と政所の双方の長官を北条氏が世襲するようになり、その地位は執権と呼ばれるようになりました。執権とはもともとは動詞で、「支配する」の意味です。文字のごとく「権力を執行する」です。

一二二一年には、後鳥羽上皇が時の執権・北条義時を叩きのめそうと承久《じょうきゅう》の乱を起こしましたが、返り討ちにします。上皇は義時ら北条氏が他の武士たちから反感を買っていると見なして兵を挙げたのですが、武士たちは結束して反撃しました。一九万ともいわれる大軍が逆に京都へ攻め上り、鎧袖一触《がいしゅういっしょく》で乱を鎮圧します。なぜこうなったのか。

上皇の挙兵の大義名分があまりにも理不尽だったからです。裁判で、上皇のお妾さんに依怙《えこ》贔《ひい》屓《き》しろと迫ったのがきっかけです。いくら北条氏が横暴でも、上皇の言い分を認めてしまえば、自分たちの生活が根本的に脅かされます。頼朝未亡人の北条政子が鎌倉中の御家人（有力武士）を集め、「京の貴族たちからどれほどの仕打ちを受けたか、それを故・頼朝公が武士を想い、どれほどのことをしてくれたか」などと滔々《とうとう》と語ったのです。

西洋では演説により政治が動くのは日常的ですが、おそらく純粋に演説だけで政治が動いたのは、日本ではこのときだけでしょう。政子の一世一代の演説は「最期の詞《ことば》」として伝わっています。もっとも、紙に書いたのを他人が代読したとの異説もありますが。

北条泰時はじつに日本的な名君だった

義時死後、執権は泰時が継ぎました。この人はじつに日本的な名君です。北条氏で唯一、他氏排斥《はいせき》をしていません。また、北条氏は絶えてしまった源氏将軍に代わり、藤原氏、次いで皇族から将軍を迎えていました。幼いときに将軍に迎えて成長すると首のすげ替えをするのが、それまでは恒例行事となっていました。不満分子が成長した将軍の周囲に集まるからです。泰時はそれもしていません。

専制政治をやめ、合議制で事を運営します。一二三二年、頼朝以来の判例をまとめ法体系化した、御成敗式目《ごせいばいしきもく》を定めたのも泰時です。江戸幕府が滅びるまで武士の基本法典として重用された立派な内容です。

なお、金がモンゴルに滅ぼされるのは一二三四年ですが、大陸の情報も刻一刻と入ってきています。当然、宋への圧力も強まっていますから、禅僧を中心にモンゴルの脅威は鎌倉要人に伝わるわけです。

一二四二年、泰時が死去すると、孫の経時《つねとき》が執権になります。しかし、四六年に経時が死去したので、弟の時頼《ときより》が継ぎます。経時の幼い長男が継いでもよいのですが、大陸からは不穏な情報も入ってきていますから、強い指導者が求められていました。

ちなみに泰時の晩年の話ですが、一二四一年に小山氏と三浦氏が喧嘩して、泰時がそのときの時頼の態度を褒めるという話があります。どちらにも加担しなかったので、時頼はご褒美に土地をもらいました。孫をかわいがっておもちゃを与えているだけの牧歌的世界です。

泰時の時代は鎌倉時代で唯一の穏やかな時代でしたが、時頼が権力を握ると殺戮が始まります。四代将軍の藤原頼経《よりつね》が権力を奪おうとしたのです。すでに息子の頼嗣《よりつぐ》が五代将軍に就いていましたが、そういう場合、先代将軍は京都に帰るのが約束でした。しかし、頼経は鎌倉に居座り続けました。先代執権の経時が甘やかしたのです。時頼は執権に就任するや有無をいわさず、頼経を鎌倉から追い出しました。宮騒動《みやそうどう》といいます。

さらに翌年、三浦泰村《やすむら》を滅ぼします。三浦氏は頼朝以来の御家人で唯一、北条に対抗できると目されていました。三浦は泰時の娘の嫁ぎ先だったのですが、これも時頼は情け容赦なく滅ぼします。宝治《ほうじ》合戦です。この巻き添えで、大江広元の息子の毛利季光《すえみつ》も自刃します。この後、毛利一族は中国地方に落ち延びていきます。戦国大名の毛利元就《もとなり》の先祖です。

ポーランドをはじめ、世界中がモンゴルの災厄で地獄絵図となっていたころの話です。

「モンゴルが攻めてくる」と予言した日蓮

一二五一年から翌年にかけて、了行法師らの幕府転覆の陰謀が起こりますが、時頼の政権は揺らぎません。時頼は、将軍頼嗣を京都に送り返します。実態は、追放です。朝廷と交渉して、後嵯峨上皇の第一皇子の宗尊親王《むねたか》を六代将軍に迎えました（宮将軍）。

一二五六年、病気にかかって執権の地位を親戚の長時《ながとき》に譲りましたが、実権は放しません。長時は北条宗家（得宗家と呼ばれる）ではなく、諸流の赤橋《あかはし》家の当主です。将軍は幕府の実権をとうに失っていましたが、今度は執権からも離れ、得宗家に移ります。院政や摂関政治と同じことを鎌倉幕府もやりだしました。公式の機関ではなく、真の実力者が責任を伴わない自由な立場で権力を振るうのは、ある種の日本政治の型となっています。公式の機関のディベートやスピーチで意思決定をする西洋型に対し、談合を優先する日本型です。前近代では、日本型のほうが殺し合いは少ないという利点は、たしかにありました。

ちなみに、以後の鎌倉幕府執権は、赤橋流・政村《まさむら》流・大仏《おさらぎ》流・金沢《かねさわ》流の諸家からも輩出しています。いずれも得宗家を支える諸流です。後継者が幼いなど、得宗家が執権を出せない場合の中継ぎとして執権に登用されるのですが、実権は得宗とその御内《みうち》が握っています。現代の自民党で最大派閥の領袖《りょうしゅう》の田中角栄や竹下登が、他派閥の領袖を首相に据えたのとまったく同じです。

北条氏の政権は裁判の公正により御家人の利益を守りますし、何より外敵の危機が迫っています。歴代得宗は、この状況に対応し続けるのです。

そんななか、ある奇人が鎌倉に現れます。日蓮です。

日蓮は「法華経のみが唯一の正しい教えである」と他の仏教宗派を排撃し、さらに「自分のいうことを信じないとモンゴルが攻めてくる」と警告しました。時頼も捨ておけなくなり、日蓮を配流しています。

ちなみに、「全国を旅して悪人を懲らしめる」のは水戸黄門の専売特許のような感がありますが、元祖は時頼です。出家した時頼には、乞食《こつじき》坊主に身を隠して全国を旅したという「廻国《かいこく》伝説」があります。そのなかで最も有名なのが、「鉢の木」の話です。

あるとき、雪で遭難しかけた僧（時頼）は、佐野源左衛門と名乗る、貧乏な武士に助けられます。源左衛門は騙されて所領を奪われたのですが、「いざ鎌倉」と動員がかかったときには駆けつけるべく、武具と馬だけは手入れしていました。源左衛門は寒さに震えるお坊さんが時頼だとは知らずに精一杯もてなし、鉢で大切に育てた「松」「桜」「梅」の木を火にくべて暖をとらせました。

しばらくすると、鎌倉から動員がかかります。真っ先に駆けつけた源左衛門の武具と馬は他の武士と比べて貧相に見え、笑いものになりました。そこへ現れたのが北条時頼――源左衛門が助けた旅の僧でした。時頼は、日ごろの心がけどおりに一番に駆けつけた源左衛門を皆の前で称揚し、上野《こうずけ》国松井田庄・越中国桜井庄・加賀国梅田庄の三つの所領を与えたということです。

いろいろディテールが異なるバリエーションがあるのですが、できすぎた話で、さすがにこれをそのまま信じろとはいいません。だいたい鎌倉幕府の公式歴史書の『吾妻鏡《あずまかがみ》』からして、北条泰時がほとんど聖徳太子のごとく聖人化されているとか、意外と頼朝のマヌケ話が多いとか、眉に唾を三回くらいつけて読まねばならないのですが（史料批判と呼ぶ）、そのまま信じられなくても、執筆者の意図や時代背景が読み取れるものです。

逸話「鉢の木」は鎌倉時代の武士の行動様式と時代背景が、じつによく読み取れます。一言でいえば、北条時頼は「動員体制」に命を懸けた人だということです。

しばしば、鎌倉武士は自分の所領を安堵してくれる「御恩」に対し、有事には軍事力を提供して「奉公」する存在だと説明されます。これは西洋の封建主義（ヒューダリズム）の契約関係を日本にそのまま当てはめただけで、必ずしも厳密ではないのですが、だいたいは当たっています。

前章からさんざん、「鎌倉幕府の存在意義は裁判の公正さ」と言い続けてきましたが、それは有事に軍事動員をかけるためでもあります。

そして、モンゴルの脅威が現実に感じられるとき、最も必要なのは動員です。日本は海に守られている国です。そこを渡ってモンゴルが攻めてくるとしたら、無限大の動員さえすれば、日本侵略は防げるのです。

さすがにそこまでは知らなかったでしょうが、モンゴル兵は家族一族まるごと家畜とともに移動します。だから補給が要りません。これが強みです。外国を侵略したらそのまま住みつき、もとからいた兵士にさらに遠くを攻めさせて人減らしをします。モンゴル帝国の拡大パターンです。

しかし日本への進入路は、当時の航海技術では、対馬～壱岐《いき》～大宰府の一カ所しかありません。とすると、無限の動員をかけてしまいさえすれば日本が絶対に勝つのです。大陸のように、どこの方角からでも攻め込める場所とは違います。

北条時頼は働きすぎか、一二六三年に三十七歳の若さで死んでしまいます。なお、元寇を撃退する息子の時宗《ときむね》は三十三歳、三度目の元寇に備え続けた孫の貞時《さだとき》は三十九歳の若さで亡くなっています。

元寇は軍事的には「勝つべくして勝った」

元寇については、小著『誰も教えてくれない真実の世界史講義　中世編』で大量に紙数を割いて描いたので、同書で記さなかった論点について一点だけ。

モンゴル帝国のフビライ・ハンは日本に対して丁寧で、それを理解せず強硬外交一点張りだった北条時宗は外交音痴であるという説についてです。この説に説得力があるのは、「負けたらどうしたのか?」という指摘です。たしかにフビライは何度も使者を送ってくるなど、他の国とは違う対応です。外交文書だけ読むと「家来になれ。さもなくば滅ぼすぞ」と脅迫めいた文言ですが、他の国にはもっと居丈高で、しかも一回断られたらいきなり攻め込んできます。宋の亡命者のいうことだけを真に受けず、もう少し柔軟な方法があったのではないか、時宗が勝ったのは結果論ではないのか、という指摘です。

これに対して、私は否と答えます。軍事的にはモンゴル側が勝つ方法などないと考えられます。鎌倉幕府は、文永《ぶんえい》・弘安《こうあん》の役では主力を温存しているのです。そもそも大宰府での戦いなど前哨戦と位置づけているのですが、元軍はそれすら突破できませんでした。勝てたのは小島の対馬と壱岐だけです。小競り合いレベルです。それに対して鎌倉幕府は、本州から陸続と援軍を送ろうとしたら、到着する前に勝っていました。決戦局面まで温存する兵力を軍事用語で戦略予備といいますが、時宗は一〇万人単位の動員をかけたものの、実戦投入するまでもなく勝っているのです。

また、モンゴルの勝ちパターンは相手国に内通者をつくる、すなわち間接侵略ですが、日本は完璧に排除しています。時宗にも政敵がいて、日本にも軟弱外交を唱える論者もいましたが、時宗は完全に排除し、挙国一致体制を樹立しています。

元寇は勝つべくして、勝ったのです。

引用参考文献
岡田英弘『世界史の誕生』（筑摩書房、一九九二年）
岡田英弘編『モンゴルから世界史を問い直す』（藤原書店、二〇一六年）
小著『誰も教えてくれない真実の世界史講義　中世編』（ＰＨＰ研究所、二〇一八年）

❖十三世紀―北条時頼とポーランド騎士団

西暦年	北条時頼
1138	
1143	
1188	
1190	
1198	
1206	
1211	
1213	和田合戦
1216	
1221	承久の乱
1226	
1227	京都六波羅で北条時氏の次男として生誕
1229	
1230	父母とともに鎌倉へ下向
1231	
1232	北条泰時、御成敗式目を定める
1233	
1234	
1235	明王院一切経供養で、親鸞と遭遇
1237	元服。鶴岡八幡宮の流鏑馬を務める
1239	毛利季光の娘と結婚
1240	
1241	小山氏と三浦氏喧嘩の際の態度を祖父・泰時に賞され、所領を得る
1242	泰時、死去。兄・経時が第四代執権に
1245	由比ヶ浜大鳥居建立を臨検
1246	「神秘の御沙汰」で、執権職を譲られる 寛元の政変(宮騒動)。得宗の専制へ
1247	宝治合戦。安達氏と協力して三浦泰村一族を滅ぼす 執権・連署以外の八朔贈答を禁止。道元と面会 地頭支配地における名主の訴訟を幕府が受理することを決定 京都大番役を編成替え

西暦年	ポーランド騎士団
1138	ボレスワフ三世の死去で息子たちが国を分割相続
1143	聖ヨハネ騎士団がエルサレムのドイツ病院運営を継承
1188	ドイツ法の「都市建設法」を採用。各都市に都市特許状
1190	エルサレムに聖母マリア病院修道会設立
1198	聖ヨハネ騎士団長、ドイツ騎士団総長に
1206	テムジン、チンギス・ハンを名乗りモンゴル帝国成立
1211	ハンガリーがドイツ騎士団に所領を与える
1213	
1216	シトー派修道会司教がポーランド北部ヘウムノの城塞都市に侵入。ポーランド諸侯が対プルーセン人連合結成
1221	
1226	ドイツ騎士団をクルムラント領有権と引き換えに招聘 リミニの金印勅書。プロイセンに対する主権をドイツ騎士団に授与
1227	
1229	オゴデイ、第二代モンゴル皇帝に
1230	クルシュヴィッツ条約。騎士団にクルムラントとプロイセンのすべての権利を承認
1231	ドイツ騎士団、グルスクに入植
1232	
1233	ドイツ騎士団、特許状都市を建設
1234	モンゴル帝国、金を滅ぼす
1235	ドイツ騎士団がプルーセン人征服運動に着手。防衛要塞を建設
1237	ドイツ騎士団、西方の騎士団を集める ドイツ入植者がプルーセン人居住を新都市開発
1239	
1240	モンゴル帝国、ルーシを侵略
1241	モンゴル帝国、ポーランドに侵入 トゥルスクの戦いで、モンゴル帝国が圧勝 フミェルニクの戦いで、モンゴル帝国が圧勝 ワールシュタットの戦いでモンゴル帝国が圧勝。騎士団は壊滅。復興のためドイツから多くの移民が入植
1242	
1245	
1246	
1247	

西暦年	北条時頼	西暦年	ポーランド騎士団
1248	西国御家人保護の法令 上皇に徳政実施を申し入れ	1248	
1249	相模守に任じられる 北条重時の娘と結婚。建長寺の建設を開始	1249	
1250	鎌倉中の庶人の武装夜行を禁止。雑人訴訟に紹介状の提出を義務づけ 諸国守護に鷹狩りを禁止	1250	
1251	嫡子・時宗誕生 幕府転覆の陰謀を理由に僧・了行を逮捕	1251	
1252	五代将軍・頼嗣も幕府転覆加担の嫌疑。幕府および執権邸に武士が集結 宗尊親王を将軍とすることを請う使者を京都に派遣 沽酒禁止令で酒造を制限 御家人の勤務評定を実施	1252	
1253	宗政誕生 関東御家人と鎌倉住人に新制発布 諸国地頭代に対して撫民の法 薪、炭等の価格を定める	1253	
1254	鶴岡八幡宮で大般若経供養 唐船制限令で唐船を五艘以上置くことを禁止 宗尊親王近臣の武芸怠慢を諌める 薪炭等の価格統制を廃止	1254	
1256	赤痢にかかり執権を長時に譲り出家	1256	
1259		1259	モンゴルの第二次ポーランド侵攻
1261	時宗・宗政・時輔・宗頼の子息の序列を定める 日蓮を伊豆に配流	1261	
1262	引付を三方とする	1262	リトアニア人、ヤズドゥフの城塞都市を焼き払い
1263	日蓮の流罪を赦免 最明寺北亭で死去	1263	
1264		1264	カリシュ法令で、ユダヤ人のポーランド避難が増加
1274	元寇・文永の役	1274	
1278		1278	大公プシェミスウ二世、かつてのポーランド王国の支配権を取り戻す
1281	元寇・弘安の役	1281	
1287		1287	前年よりモンゴルの第三次ポーランド侵攻 サンドミェシュとクラクフの防衛都市のみ、モンゴル侵攻軍を阻止
1295		1295	プシェミスウ二世、国王として戴冠
1296		1296	プシュミスウ二世が暗殺され、ヴワディスワフ一世が統一運動のリーダーに
1320		1320	ヴワディスワフ一世、戴冠
1333		1333	カジミェシュ三世即位。リトアニア、ウクライナなどを支配下に
1410		1410	タンネンベルクの戦いでドイツ騎士団を破り、騎士団はポーランド王の臣下に

第8章▼

十四世紀——室町幕府とオスマン帝国

当時の日本の人口はオスマン帝国とほぼ同じ！

「元寇が遠因で鎌倉幕府が滅びた」論の嘘

モンゴルは世界征服するかの勢いでした。しかし、ユーラシア大陸は一人のハンが統治するには広すぎました。帝国は分割していきます。東の果てのモンゴル本土と中国はフビライ・ハンの元《げん》、西の果てはクリミア・ハン国というふうに。

日本の鎌倉幕府もモンゴルの影響を受けていないわけではありません。元寇は防衛戦争だったので、領土が増えませんでした。だから、恩賞として土地を与えるわけにはいきません。結果、経済的に困窮する武士も増えました。そもそも、鎌倉時代は親の財産は子供たちに平等に分割相続されたのですが、百年のあいだこれを繰り返してきたので、社会的な矛盾が元寇の戦後処理を通じて一気に噴出したのです。

ただ、ときどき「元寇が遠因で鎌倉幕府が滅びた」式の説明がなされますが、それは言い過ぎです。細川重男『鎌倉幕府の滅亡』（吉川弘文館、二〇一一年）が多くの説を整理してくれていますので、興味がある方はご覧ください。弘安の役が一二八一年で鎌倉幕府滅亡が一三三三年ですから、日本人が「モンゴルが鎌倉幕府を滅ぼした」というと自虐がすぎるでしょう。

歴史学者の先生方は何か歴史に合理的な説明、しかも必然を求めたがります。しかし歴史は人間の営みなのですから、何か科学法則のようなものがあって、何度実験しても必然的に同じ結果になる、などということはないのです。小著『倉山満が読み解く太平記の時代』（青林堂、二〇一六年）でもじっくり解説しましたが、いろいろな社会矛盾があるなかで討幕に邁進した後醍醐《ごだいご》天皇が、意志を押し通したということです。

そんなことより深刻なのは、トルコのほうです。セルジューク・トルコは、性懲りもなく侵略してくる十字軍を返り討ちにし続けた大帝国です。ヨーロッパが束になってかかっても、トルコ一国にかなわなかったのです。しかし、モンゴルには負けっぱなしの末に呑み込まれ、気がついたら一三〇八年に消滅していました。

モンゴル支配下の一二九九年、トルコ人のオスマン一世は自分の国を建てます。のちのオスマン・トルコ帝国の始まりです。といっても、まだまだ実態は地方政権にすぎませんので大した記録もなく、何をやっていたかよくわかりません。

一三二六年ごろ、オスマンの後継者のオルハンはトルコ半島に定住し、バルカン半島に乗り込んでいきます。バルカン半島といえば、もともとはビザンチン帝国の版図です。オルハンは首都コンスタンティノープルを除いて、バルカン半島を片っ端から併呑していきました。すでにビザンチン帝国はすっかり弱体化していて、ブルガリアやセルビアに小突き回されていました。ビザンチン宮廷の権力闘争は、ブルガリアとセルビアの代理戦争状態でした。小国が周辺大国の草刈り場になり、政府が代理戦争の様相を呈するのは亡国前夜の常です。

そこにオルハンが乗り込んでいったのです。ブルガリア王国もセルビア王国もそれなりに強い国だったのですが、オスマン・トルコが出てきた途端、次々と蹴散らされてしまいました。

三大陸にまたがって勢力拡大したオスマン・トルコ

オルハンは一三五四年にバルカン半島へ侵入し、のちにオルハンの子のムラト一世がアドリアノープルを占領しました。

一三八九年にはコソヴォの戦いがあり、セルビア・ボスニア・ワラキアなどのバルカン諸侯の連合軍を撃破します。ワラキアは、いまのルーマニアです。コソヴォは原っぱで、バルカン研究者は「コソヴォヶ原の戦い」といいます。「バルカン半島の関ヶ原」ともいわれる戦いです。日にちは六月二十八日。バルカン半島では、なぜかこの日に大事件が起こります。

最も有名なのは一九一四年のサラエボ事件です。オーストリアのフェルディナンド大公夫妻がセルビア人青年によって暗殺されました。第一次世界大戦開戦のきっかけとなった事件です。

一九八九年、一連の旧ユーゴスラビア紛争の呼び水となったとされる、セルビア共産主義者同盟代表ミロシェビッチの大セルビア主義演説もこの日です。このミロシェビッチがコソヴォ紛争の虐殺容疑でオランダ・ハーグの旧ユーゴスラビア国際戦犯法廷に移送されたのも、二〇〇一年の六月二十八日でした。

ブルガリアを倒し、ハンガリーの十字軍を屠り、オスマン帝国は順風満帆です。しかし一四〇二年、危機に瀕します。モンゴル人のティムールの進攻を受けました。ティムールはモンゴル帝国のなかで中央アジアを支配していたチャガタイ・ハン国の軍人からのし上がり、一代で大帝国を築き上げました。

オスマン帝国に国を奪われた中央アジアの諸部族をティムールが結集し、攻め寄せたのです。コンスタンティノープルを包囲中のバヤズィト一世は急ぎ帰国して迎え撃ちますが、自らが捕虜となる大惨敗です。一時、オスマン・トルコは壊滅の危機に瀕しました。

一四〇五年にティムールが病死して進攻は止まり、九死に一生を得ることとなります。ティムールの死後に帝国は四散します。

ちなみにティムールは明への侵攻を計画していて、その後は日本を攻めようとしていましたが、その遠征途上で死にました。ほんとうに日本に攻めてきたとしたら、日本は間違いなく勝ったでしょう。理由はあとで解説します。

モンゴルの脅威を脱したオスマン・トルコは、領土拡大を再開します。もはや名実ともに「帝国」の名にふさわしい版図と国力を有していました。

一四一三年、メフメト一世が第五代スルタン（皇帝）に就きます。在位八年間で、失地を回復していきました。トルコ史では、国家再建の英雄として有名な人です。

虫の息で風前の灯のビザンチン帝国は、もはやコンスタンティノープルの都市国家として生き延びています。コンスタンティノープル自体が要塞なので何度包囲されてももちこたえますが、とうとう一四五三年に陥落しました。攻略したのはメフメト二世。ここに、千年の栄華を誇った東ローマ帝国は滅亡します。もっとも、ほんとうに栄華を誇ったのが何年かで歴史家の評価は分かれるでしょうが。

日本の世界史教科書では、「一四五三年、コンスタンティノープル陥落」は特筆大書され、受験生は「東ローマ帝国は、石ゴミ《1453》の山」と語呂合わせで覚えます。だから何なのか、ですが。

こんなものはオスマン帝国にとっては、踏み台にすらなりません。シリアを征服し、モンゴルにも屈しなかったエジプトをも併呑し、地中海北アフリカにも進出していきます。アジア・ヨーロッパ・アフリカの三大陸にまたがる大帝国への道を歩むのです。

一五二〇年には「大帝」と崇められるスレイマン一世が登場し、セルビア王国の首都ベオグラードを占領するのみならず、ハンガリーまで呑み込みました。いずれも当時はヨーロッパの大国です。東欧を制圧していったのです。

一五二九年には、神聖ローマ帝国の首都・ウィーンを包囲します（第一次ウィーン包囲）。時の皇帝はカール五世。ハプスブルク家の絶頂期を築いた名君です。決して弱い王様ではありません。スペイン王としてはカルロス一世。ヨーロッパ随一の名門の皇帝と、莫大な富をもたらす中南米の植民地をもつヨーロッパ最強国スペインの国王を兼ねています。しかし、スレイマン一世の進攻の前には、当時は城塞都市だったウィーンに立て籠り、援軍を求めるしかありませんでした。

これにはヨーロッパ中の国が応援し、何とかもちこたえました。スレイマン一世の目的はハンガリーの確保でしたから、十分目的を達したとして引き揚げます。ヨーロッパ全体の屈辱的な敗北でした。

スレイマン一世は地中海でも進軍を続け、ロードス島でムスリムに対する海賊行為を行なっていた聖ヨハネ騎士団を駆逐します。

オスマン・トルコにとって、ヨーロッパなど束になってかかってきて、ようやく五分の相手です。強敵は、イラン（ペルシャ）です。イランはモンゴル帝国が重視した地域で、いまでもイラン人は「世界の半分を支配した国」としての誇りをもっています。このころはモンゴル帝国の一部であったイル・ハン国から、イラン人のサファヴィー朝に代わっていました。

さすがにサファヴィー朝ペルシャは強敵で、イラクは奪うけれどもアゼルバイジャンは奪い返される、といった一進一退でした。

トルコのライバルはサファヴィー朝ペルシャ

そんななか、一五三六年にフランスが朝貢してきました。フランスは、ハプスブルク家が圧倒的に優勢なヨーロッパで、東に神聖ローマ帝国、西にスペイン帝国に挟まれながら、根性だけで生き延びていました。同じカトリック国ですが、ハプスブルク家とは宿敵です。そこで、オスマン帝国に誼《よしみ》を通じてきたのです。オスマン帝国はフランスに、カピチュレーション（一方的最恵国待遇）を与えました。「おまえはキリスト教徒だから、うちの法律に従わなくてもよくて、自治権を与えてやるよ」という外交特権です。フランスは下から目線でありがたく受け取りました。

最恵国待遇というと、日本が幕末に結んだ不平等条約を思い出す方も多いでしょうが、同じものです。同じものでも、力関係によって意味が変わるのです。のちにトルコの力が弱くなると、カピチュレーションはヨーロッパ人がトルコ人に対して傲慢に振る舞う根拠法ともなりました。

はるかのちの一六八八年の話ですが、オスマン宮廷で最敬礼しなかったモスクワ帝国の使節がトルコの侍従に首をつかまれて額を床に叩きつけられ、殴打されて放逐されるという事件がありました（高橋昭一『トルコ・ロシア外交史』シルクロード、一九八八年、八二頁）。この時代のヨーロッパの外交官（というより軍使）は、オスマン帝国には戦々恐々です。

ちなみに、ポルトガルに対する明の態度も同じでした。明は海禁と呼ばれる鎖国政策をとっていました。長崎の出島のような外国人が住む場所を決め、壁で囲って軍隊が包囲します。ここから出るなよ、商売はこのなかでやりなさい、というものでした。日本の歴史教科書では、大航海時代にポルトガルやスペインは世界中に飛び出していって、広大な植民地を築いたと記していて、それはそれで間違いではありません。しかし、両国が支配したのは、アフリカやアメリカの弱い人たちです。ユーラシアでは騎馬民族のモンゴルやトルコに負けっぱなしです。ヨーロッパ人はインドの香辛料がほしくて海に飛び出したと説明されることが多いのですが、そこに「陸のユーラシアには自分より強いアジア人がいたので、避けて通って海から遠回りをした」と書き足すべきでしょう。

一五三八年、プレヴェザの海戦でヨーロッパ連合軍はオスマン帝国に完膚なきまで叩きつぶされました。オスマン海軍は誕生してからそれほど時間がたっていないのですが、千年の伝統を誇るヴェネチア海軍や、大航海時代で世界を席巻したことになっているスペイン艦隊も、歯が立ちませんでした。当たり前ですが、軍事力は国力に比例するものです。地中海は「オスマンの海」と化しました。

一五七一年、ギリシャのコリント湾口であるレパントの海戦で再び、ヨーロッパ連合軍はオスマン帝国と戦いました。このときの戦闘はヨーロッパ連合軍のマグレ勝ちです。しかし「オスマンの海」は変わりません。戦略的には勝てなかったということです。なぜか日本の教科書では特筆大書していますが、よくわかりません。

それどころか一五七四年には、北アフリカ全土、エジプトからモロッコまでがオスマン帝国の支配下に置かれました。ポルトガルなどは、本国の目の前の北アフリカから追い出されてしまいます。歴史の全体像から見れば、レパントなど小競り合いにすぎません。

こうしてオスマン・トルコ帝国は最盛期を迎えます。トルコの最大のライバルは、東のサファヴィー朝ペルシャです。間違っても、西のヨーロッパではありません。

そんなオスマン帝国に初めて陰りが見えるのは、一六八三年から九九年の第二次ウィーン包囲です。このときもオスマン帝国は、全ヨーロッパを相手に戦います。もっともフランスは一次と同じく参加していませんが、代わりにモスクワ帝国が参加しています。

第二次包囲では、ポーランド王ヤン三世の勇猛な奮闘もあり、オスマン軍は敗走しました。さらに神聖ローマ帝国の名将プリンツ・オイゲンの追撃が巧みだったこともあり、大敗します。結果、一六九九年のカルロヴィッツ条約で、ハンガリーを割譲しての講和を余儀なくされました。トルコがヨーロッパに敗北した最初です。

ちなみにオイゲンは、かのナポレオン・ボナパルトが「戦史に残る名将」と激賞した人物です。

オスマン帝国は大きくなりすぎ、宮廷内の権力闘争も相まって、統治が行き届かなくなります。そして勃興する新興のモスクワ帝国（一七二一年にロシア帝国と改める）に領土を削られていきます。

「日本は世界の大国」という意識に欠ける日本人

オスマン帝国の社会構造は触れると話が長くなるので、一つだけ取り上げます。

ほぼ無敵の快進撃を続けたオスマン帝国の軍事的中核は、イェニチェリとシパーヒーです。

一三五九年、オスマン帝国は常備軍の歩兵を創設します。これがイェニチェリです。ヨーロッパが常備軍をつくるのは、この五百年くらいのちの話です。ヨーロッパの兵隊は金で雇われた兵隊ですから、忠誠心ゼロです。

ニコロ・マキャベリなどは傭兵制を廃止しようと主張し、自らも祖国フィレンツェで取り組むのですが、うまくいきません。現実にはプロの兵隊の戦闘力は侮れないですし、その彼らに勝てる兵士をどこから連れてくるのか、という話になります。常備軍を育てるには数十年単位の時間がかかるのですが、どこの国の王様もそんなに待てません。

しがらみがない新興国のオスマン帝国では、新規制度の導入が容易だったのです。

オスマン帝国は、征服した民族をイェニチェリとし、最前線に送り込み、さらに征服する、を繰り返しました。一方、トルコ人の貴族からなる騎兵が、シパーヒーです。決戦局面で投入される精鋭部隊です。

しかし、火器が開発されると、シパーヒーの活躍の場が失われます。日本の長篠《ながしの》の戦いを思い浮かべてください。織田徳川連合軍は、武田の騎馬隊に対して柵をつくり、鉄砲を撃って迎撃しました。鉄砲といっても火縄銃で連射が利かないのですが。十六世紀に普及した火縄銃は、攻撃兵器としては連射が利く弓にはかないませんが、防御兵器としては有力でした。第二次ウィーン包囲がそうなのですが、要塞に立て籠り、敵が攻めてきたら銃で追い払う。これだけで負けません。勝てないまでも。それで相手が隙を見せたら突撃をかける。長篠の戦いも、第二次ウィーン包囲も、同じような戦い方でした。かくして、シパーヒーの優位は失われました。

より深刻だったのがイェニチェリです。金で雇われた傭兵よりも、故郷を守るために戦う共同体軍のほうが強い。これは一般的な法則です（この理屈を解説した最もわかりやすい著書として、海上知明『信玄の戦争』KKベストセラーズ、二〇〇六年、をどうぞ）。同様に、「異民族を集めた軍は、同一民族の軍より弱い」との法則もあります。

イェニチェリはギリシャ人など、異民族が主体です。勝っているときはよいですが、帝国の膨張が停滞したらお荷物集団と化しました。世襲特権階級として、軍事のみならず、あらゆる社会改革に抵抗します。ときに、改革を志すスルタンを暗殺したりもしました。廃止はようやく一八二六年ですが、すでにオスマン帝国は「ヨーロッパの病人」に落ちぶれていました（ちなみに、この言葉が実際に使われたのは、一八五三年のクリミア戦争直前）。

帝国の拡大要因が、時代をへると、そのまま亡国の原因になる。よくある話です。

十五世紀、日本の人口は一五〇〇万人。オスマン帝国は一八〇〇万人と推測されます（Angus Maddison "The World Economy", OECD Publishing, 2007）。ヨーロッパの全体が七〇〇〇万人ですから、日本は十二分な大国です。

しかし、日本人は「歴史的に日本は世界の大国だったのだ」という意識に欠けます。たしかに、同時期の明の人口は五～六〇〇〇万人です。また、中国とインドは長らく世界のGDPの一位、二位を独占していましたから、日本よりは大きくて豊かな三国のように思えます。古来、日本人は「日本・唐《から》・天竺」と並べていましたから、なんだか日本を小さな国のように感じています（ちなみに唐の前の隋や、後の宋や明も唐《から》とか唐土《もろこし》と呼んでいました。同じように漢と呼ぶこともありましたが、この場合はいずれにしても特定の王朝の呼び名ではなく、チャイナのことです）。

ヨーロッパ人は自分たちのほうが小さいのに、その中国やインドを食い物にしようと企んで、数百年がかりで実現するのですから、逞《たくま》しいかぎりです。だいたい、スペインが征服したアステカ帝国やインカ帝国など、軍事力以外ではすべてに優れていた大きな国だったのに、滅ぼされて奴隷にされてしまいました。結局、国力の中核は軍事力なのです。

さて、発展期のオスマン帝国の原動力は、イェニチェリとシパーヒーでした。日本の室町時代の、奉公衆に当たります。足利将軍の親衛隊のことです。

日本史で親衛隊のことを一般名詞で「御馬廻衆《おうままわりしゅう》」といいます。文字どおり、大将の周りを固める騎馬親衛隊のことです。当然、歩兵が付随しています。足利三代将軍義満が御馬廻衆を整備して奉公衆に編制し、義満の死後に廃れるのですが、六代将軍義教《よしのり》が復活強化し、完成させます。

しばしば言及されますが、室町幕府は足利将軍と守護大名と呼ばれる実力者の連立政権のようなかたちで始まりました。義満や義教はそれを打破しようとして、政権基盤として独自の軍事力である奉公衆を整備します。とくに義教が推進したのが、守護大名の次男や三男を奉公衆に登用することです。洋の東西を問わず、貴族社会では長男以外は穀潰《ごくつぶ》しです。力を持て余していまず。義教は、そうした連中を親衛隊としてかき集めました。働き場を得て忠誠心は絶対です。奉公衆は、将軍がいる京都と周辺に常駐します。

さて、再び一般的な軍事法則ですが、「常備軍は傭兵より強い」「共同体軍は異民族軍より強い」のほかに、「名門貴族の子弟の軍は、異民族の軍や傭兵よりも強い」があります。奉公衆は、「同一民族の名門子弟からなる常備軍」です。

世界を席巻したイェニチェリとシパーヒーからなる精強な軍なのです。

長らく、「応仁《おうにん》の乱で室町将軍の権威は失墜した」と評されてきました。一説には家臣たちが一〇万を超す大軍を集めて殺し合いを始め、京都が焼け野原になっているのに、当の将軍は何をしているのか？　という観点からの評価です。実際、当時の八代将軍義政《よしまさ》は花の御所に籠って宴会三昧《ざんまい》でした。では、その将軍居所である花の御所を誰が守っているのか。奉公衆です。ちなみに、時の後土御門《ごつちみかど》天皇と後花園《ごはなぞの》上皇も花の御所に疎開してきています。義政個人の威厳は失墜しても、足利将軍の権威は失墜していないのです。

それが一四九三年、管領細川政元《まさもと》のクーデターで十代将軍義稙《よしたね》が放逐され（明応《めいおう》の政変）、そのときに奉公衆が解体されてからは、ほんとうに将軍の権威が失墜します。

政元は「半将軍」、つまり「半分将軍のようなもの」といわれる権力をもち、専横を極めます。後土御門天皇は何度も譲位を望みましたが、ことごとく政元に阻止されました（小著『日本一やさしい天皇の講座』『国民が知らない上皇の日本史』を参照）。こうなると、室町将軍家は朝廷をお守りするという、武家として最も重要かつ最小限の仕事すら全うできなくなりました。

最近は、戦国時代の始まりを応仁の乱ではなく、「明応の政変」による奉公衆の解体とするのが、通説です。

なぜ明は冊封をやめた日本を罰しなかったのか

室町初期に関しては、何冊か書いていますのでご参照ください。最初の三代の将軍、尊氏・義詮・義満に関しては、『倉山満が読み解く太平記の時代』『倉山満が読み解く足利の時代』を。六代将軍義教は、『誰も教えてくれない真実の世界史講義　中世編』をご参照ください。

応仁の乱は次章で説明しますので、義教までの流れを簡単に解説しましょう。

鎌倉幕府が滅んだ最大の理由は、裁判の公正が保てなくなったことです。それでも末期、鎌倉幕府の上位数パーセントの権力者たちは力で押さえつけていましたが、時の後醍醐天皇が執念深く戦いを挑み、ついに鎌倉幕府を倒しました。天皇の動きに足利高氏《たかうじ》が呼応したのが決定的でした。

一三三三年、後醍醐天皇は建武《けんむ》の新政を始めます。

高氏は多大な恩賞をもらいますが、そのなかでも後醍醐天皇（尊治親王《たかはる》）から「尊」の一文字をもらい、「尊氏」と名乗ったのが最大の栄誉です。

しかし、尊氏はともかく、武士たちに恩賞は行きわたりませんでした。そして、裁判の公正どころか、大混乱を招きます。そこで尊氏は天皇に反旗を翻し、建武の新政は三年で崩壊しました。

一三三八年、尊氏は光厳《こうごん》上皇から征夷大将軍に任じられました。室町幕府の開設です。

しかし、後醍醐天皇は吉野の山奥に逃れ、ゲリラ的に抵抗します。朝廷が二つに割れたので南北朝時代です。とはいうものの、足利家が擁する北朝の勢力は圧倒的です。ただし、将軍家の後継争いで幕府が二つに割れ、幕府の争いで負けたほうが南朝を利用するという状況が続いたため、南朝は細々とですが生き延びました。

二代将軍を継いだ義詮の時代には、南北朝の動乱の大勢は決します。将軍家の脅威は南朝などではなく、増長する守護大名たちでした。

三代将軍の義満のときに、花の御所を室町に置きました。正確には義満からが室町幕府ですが、細かいことは気にしなくてよいでしょう（理由は第1章を参照）。

義満は、京極・土岐・山名・大内と、次々と有力守護大名と戦い、制圧していきます。当時の幕府は、細川・斯波《しば》の二大派閥が角逐《かくちく》していましたが、義満は彼らを天秤にかけ、いいように振り回し、やがて自家薬籠中《じかやくろうちゅう》にしていきます。義満は生涯、政治と戦争において負けたことがありませんでした。唯一の例外が一三七九年の康暦《こうりやく》の政変で、十七歳のときに斯波派が細川派を放逐するクーデターを起こし、狼狽《ろうばい》して家臣たちの言いなりになるという事件です。これを最後に義満の生涯は全戦全勝です。

実際、戦場においても無敵で、一三九一年の明徳の乱では山名氏清《うじきよ》を京都に引きずり込んで勝利しています。京都は攻めるに易く守るに難い地形なのですが、義満は戦争の天才でした。桓武天皇時代の宮殿跡地は「内野《うちの》」といって巨大な広場になっていましたが、義満は山名軍をそこに引きずり込んで袋叩きにしました。大内氏ら外様を先鋒に立てて山名軍を削り、疲れ切ったところで奉公衆を投入する。細かいことはそれくらいにしますが、義満の軍事カリスマは絶頂となります。歴史学者の今谷明氏の表現を借りれば、「天武天皇以来」です（前掲『室町の王権』）。

先に、ティムールが日本に攻めてきても勝ち目はなかったと断言しました。たしかにティムール率いるモンゴル兵はユーラシア大陸では最強でした。しかし、日本列島にどうやって上陸し、占領し、維持するのか。文永の役ではモンゴル軍がどのような戦い方をするか手探りでしたが、準備万端だった弘安の役は完勝です。北条時宗率いる鎌倉武士の戦術がとくに優れていたわけではなく、挙国一致体制の構築と戦時動員の勝利です。無限の兵站《へいたん》を有する日本に対し、モンゴル軍に勝ち目がないことはすでに述べました。はっきりいいますが、北条一族は戦争が下手な一族です。それでもこれです。

では、戦略のみならず、戦術レベルでも軍事の天才の義満相手に、どうやって勝つのか。ついでにいうと、ティムールが明を攻めようとした一四〇五年は、義満の権力は全盛期です。戦好きな義満の性格からすると現地で指揮を執ったでしょうが、そうなると元寇の再現か、それ以上の圧勝は必定《ひつじょう》だったでしょう。

もっとも義満の場合、戦う前に降伏して冊封《さくほう》され、貿易の実利だけを得る、とかやりかねませんが……。

義満が急死したのち、息子の義持《よしもち》が跡を継ぎました。義満は明の皇帝に冊封されて喜んでいました。間違いなく確認できる理由は二つ。一つは、義満が中華かぶれだったこと。もう一つは、頭を下げて巨額の貿易の利益が得られるなら、中華皇帝の臣下となるなど、何とも思わなかったことです。義持は生前の義満にいじめられていたこともあり、意趣返しで明への冊封をやめました。当然、外交問題になります。

しかし、明は無礼をなじりつつも、日本を懲罰はできませんでした。同じことを朝鮮がやれば間違いなくソウルまで軍事的に侵攻し、膺懲《ようちょう》されますから雲泥の差です。理由は簡単で、日本が強いから攻めてこられないのです。中国の公式歴史書の『明史』には、攻めてはいけない国として洪武帝《こうぶ》が挙げたと記されています。洪武帝はモンゴル人の元の支配に武器をもって立ち上がり、明を建国し、その後も満洲人やその他周辺騎馬民族との戦いに生きた皇帝です。漢人にしてはかなり強い人物なのですが、その人にしてこれです。中国人の歴史書をそのまま信じるのも実証的ではありませんが、当時の軍事的背景を知れば、明が日本に攻めてこなかったのは賢明でしょう。

朝鮮の世宗大王は何を血迷ったか対馬に攻めてきましたが、義持の総動員令を待つまでもなく、北九州在地武士たちが勝手に戦って撃退しました。

ちなみに、義持が対明強硬外交に転じたのには理由があります。弱体政権だったからです。そもそも義持は征夷大将軍とはいえ、足利将軍家家長の地位は生前の義満が離しませんでした。名実ともに足利将軍家を継げるかは不明だったのですが、義満急死の際に守護大名たちの総意で現職将軍の義持が後継者となりました。このときを起点に義持は、宿老と呼ばれる有力者たちに逆らえなくなったのです。宿老会議の総意は、義満時代の対明外交の破棄です。義満は宿老全員を抑えられる政治力があったから軟弱外交が可能で、政権基盤が脆弱《ぜいじやく》な義持は強硬外交しか選択肢がなかったのです。

そんな調子の政権運営が二十年続きました。その間、息子で五代将軍の義量《よしかず》はアルコール依存症になって、二十一歳の若さで死んでしまいます。しかし、前将軍の義持が大御所《おおごしよ》として将軍のときと同じように振る舞っていましたから誰も困らず、後継将軍を置きませんでした。

その義持が後継者指名を宿老たちから求められたとき、「おまえたちが決めろ」とだけ遺言しました。

その結果、選ばれたのが義教です。義持時代のマイナスから始めて天下統一を成し遂げたのです。「万人恐怖」「公方犬死」と最低の評価しかされていなかった義教を、史上最初に評価したのは明石散人・小机種彦『二人の天魔王』（講談社、一九九二年）ですので、あえて挙げておきます。

私は前掲『誰も教えてくれない真実の世界史講義　中世編』で義教を「リシュリューよりも二百年早く世界で最も完成された絶対主義を成し遂げた」と記しました。

そんな義教も、一四四一年に赤松満祐《みつすけ》が起こした嘉吉《かきつ》の乱で、不意討ちにより暗殺されてしまいます。

それが応仁の乱につながるわけです。

引用参考文献

細川重男『鎌倉幕府の滅亡』（吉川弘文館、二〇一一年）

小著『倉山満が読み解く太平記の時代』（青林堂、二〇一六年）

小著『倉山満が読み解く足利の時代』（青林堂、二〇一七年）

高橋昭一『トルコ・ロシア外交史』（シルクロード、一九八八年）

海上知明『信玄の戦争』（KKベストセラーズ、二〇〇六年）

Angus Maddison "The World Economy"（OECD Publishing、二〇〇七年）

明石散人・小机種彦『二人の天魔王』（講談社、一九九二年）

❖十四世紀―室町幕府とオスマン帝国

西暦年	室町幕府
1299	
1326	
1331	
1333	足利尊氏が六波羅探題を攻め落とす。新田義貞が鎌倉を攻め、鎌倉幕府が滅亡 建武の新政開始
1334	二条河原落書。護良親王が鎌倉に配流
1335	尊氏が鎌倉に入り挙兵、延元の乱。箱根・竹ノ下の戦いで新田義貞を破る
1336	尊氏、入京。豊島河原合戦で九州へ敗走。湊川の戦いで楠木正成が戦死 尊氏、京都に入り光明天皇を擁立。建武式目を制定、室町幕府の実質的な成立 後醍醐天皇が吉野に移り、南北朝時代の開始
1338	足利尊氏、征夷大将軍に。北畠親房ら吉野へ帰還。後村上天皇、吉野で即位
1339	北畠親房、『神皇正統記』を著す。尊氏、暦応寺建立
1342	天龍寺造営費の獲得のため、天龍寺船を元に渡航
1346	
1348	四條畷の戦いで北朝勝利、楠木正行が戦死
1349	鎌倉府を置く。初代鎌倉公方に足利基氏。補佐役として関東管領を設置
1350	観応の擾乱
1351	尊氏・義詮、南朝方に降伏
1354	
1359	足利義詮、二代目将軍に。筑後川の戦い、南朝の勝利
1360	
1361	
1366	
1370	このころ、軍記物語『太平記』成立
1378	足利義満、花の御所を造営
1379	康暦の政変
1389	土岐康行の乱
1391	明徳の乱
1392	明徳の和約で南北両朝が合一
1393	
1394	足利義持、第四代将軍に
1396	
1397	義満、京都の北山に金閣寺
1399	応永の乱
1400	世阿弥元清の『風姿花伝』成立。大塔合戦
1402	

西暦年	オスマン帝国
1299	オスマン一世、オスマン帝国を建国
1326	オスマンの子オルハン、ビザンチン帝国の地方都市ブルサを占領
1331	ビザンチン帝国とのあいだに和平成立
1333	
1334	
1335	
1336	
1338	
1339	
1342	
1346	オルハン、ビザンチン共治皇帝ヨハネス六世カンタクゼノスと同盟
1348	
1349	
1350	
1351	
1354	オルハン、バルカン半島に侵入。ヨーロッパに進出開始
1359	オルハンの子ムラト一世、アドリアノープルを占領 常備歩兵軍イェニチェリを創設
1360	オルハン、死去。ムラト一世がスルタンに即位
1361	ムラト一世、アドリアノープルを攻略
1366	エディルネに遷都
1370	
1378	
1379	
1389	コソヴォの戦い。ムラト一世、バルカン諸侯の連合軍を撃破 ムラト一世、暗殺される。子バヤズィト一世がスルタンに即位
1391	
1392	
1393	バヤズィト一世、ブルガリアを完全掌握
1394	
1396	バヤズィト一世、ニコポリスの戦いでハンガリー十字軍を撃破
1397	
1399	
1400	
1402	バヤズィト一世、アンカラの戦いでティムールに敗北

西暦年	室町幕府
1403	義満が明に遣いを送り国書に「日本国王源」と記す
1404	明から勘合が送られ、日明間の勘合貿易開始
1405	
1408	義満死去
1411	明と一時、国交断絶
1413	
1416	上杉禅秀の乱
1419	応永の外寇
1421	
1422	
1428	義持、死去。弟の僧義円（還俗して義宣）を迎える。生長の土一揆
1429	播磨の土一揆。足利義宣が将軍となり、名を義教に
1438	永享の乱
1441	嘉吉の乱。嘉吉の土一揆、幕府が徳政令を発布
1443	禁闕の変
1444	
1449	足利義政が8歳で八代目将軍に。正室は日野富子
1453	
1454	享徳の土一揆。分一徳政令。鎌倉公方・足利成氏が関東管領・上杉憲忠を殺害
1455	享徳の乱
1466	文正の政変
1467	応仁の乱の始まり
1470	
1474	山名政豊と細川政元が和睦。加賀国で一向一揆
1477	応仁の乱、終結
1478	
1485	山城国一揆
1487	長享・延徳の乱。奉公衆、将軍の親衛隊として活動
1488	加賀一向一揆
1490	義政没。銀閣寺、完成
1493	明応の政変
1495	北条早雲が小田原城を攻め、城主大森藤頼を追い出す
1496	蓮如が石山本願寺を建立
1506	加賀・能登・越中の一向一揆、守護・朝倉貞景に敗れる
1507	永正の錯乱
1508	細川高国が管領となり足利義材（義稙）を再び、将軍とする。撰銭令を発布
1510	三浦の乱
1511	船岡山合戦
1516	幕府が大内義興に対明貿易の独占権を認める。北条早雲が三浦氏を滅ぼす

西暦年	オスマン帝国
1403	
1404	
1405	ティムール、死去。オスマン朝の再建
1408	
1411	
1413	メフメト一世がスルタンに即位。徐々に失地を回復
1416	
1419	
1421	ムラト二世がスルタンに即位。バルカンの支配を確立
1422	ムラト二世、第二回コンスタンティノープル包囲
1428	
1429	
1438	
1441	
1443	
1444	メフメト二世、ヴァルナの戦いで十字軍を撃破
1449	第二回コソヴォの戦いでハンガリー人を撃破
1453	メフメト二世がコンスタンティノープルを攻略。ビザンチン帝国滅亡
1454	
1455	
1466	
1467	
1470	ファティフ・モスク完成
1474	
1477	
1478	トプカプ宮殿完成
1485	オスマン＝マムルーク戦争
1487	
1488	
1490	
1493	
1495	
1496	
1506	
1507	
1508	
1510	
1511	
1516	マムルーク朝よりシリアを獲得

1521	関東管領の山内上杉氏と扇谷上杉氏が対立
1522	
1523	寧波の乱
1526	
1529	
1531	大物崩れ
1532	享禄・天文の乱。畿内各地で一向一揆
1534	
1536	天文法華の乱。法華一揆
1538	
1539	大内義隆が勘合貿易を開始
1541	毛利元就が尼子晴久を破る。武田晴信が父・信虎を追放
1542	斎藤道三が美濃を支配
1543	ポルトガル人が種子島に漂着。鉄砲伝来
1546	足利義輝が十三代目将軍に
1549	フランシスコ・ザビエルが鹿児島でキリスト教を伝える
1550	南蛮貿易を開始
1551	大内義隆の家臣である陶晴賢、主君を殺害
1553	明の王直、倭寇の頭目として浙江地方を荒らし回る。川中島の戦い
1554	武田信玄・北条氏康・今川義元が三国同盟を結ぶ
1555	織田信長が清洲城に進出。厳島の戦い
1557	毛利元就が大内義長を殺し、防長2国を平定
1558	三好長慶が主君を裏切り細川氏領国の支配開始
1559	織田信長、上杉謙信がそれぞれ入京、将軍義輝に謁見
1560	桶狭間の戦い
1562	織田信長と松平元康が同盟を結ぶ。清洲同盟
1565	永禄の変。織田信長が武田信玄と同盟
1566	毛利元就が尼子氏を討つ
1567	足利義昭が信長を頼る。織田信長と浅井長政が同盟を結ぶ
1568	三好三人衆が足利義栄を十四代目将軍とする。観音寺城の戦い
	織田信長、入京。義昭は十五代目将軍に。信長、諸国の関所を廃止
1569	上杉謙信と北条氏政が同盟
	足利義昭が信長包囲網を形成、すべて失敗
1570	姉川の戦い。長島一向一揆。石山合戦
1571	織田信長が比叡山延暦寺を焼き討ち
1572	織田信長と上杉謙信が同盟を結ぶ。濃越同盟。三方ヶ原の戦い
1573	織田信長、足利義昭を京都から追放。室町幕府滅亡
1574	

1521	ベオグラードを征服してハンガリー領に進出
1522	ロードス島でムスリムに対する海賊行為を行なっていた聖ヨハネ騎士団を駆逐
1523	
1526	モハーチの戦い。ハンガリー王国を破りその大半を占領
1529	サファヴィー朝からイラクのバグダッドを奪う
	第一次ウィーン包囲
1531	
1532	
1534	バグダッド攻略、イラクを征服
1536	フランスのフランソワ一世と同盟。カピチュレーションを与える
1538	プレヴェザの海戦。地中海のほぼ全域を制圧
1539	
1541	ハンガリーを併合。アルジェリアを征服
1542	
1543	
1546	イエメンを支配
1549	
1550	
1551	
1553	
1554	
1555	スレイマニエ・モスク完成
1557	ブルー・モスク完成
1558	
1559	
1560	
1562	
1565	ソコルル・メフメト・パシャを大宰相に任命
1566	ハンガリー遠征中にスレイマン一世が陣没
1567	
1568	露土戦争開始
1569	
1570	コンスタンティノープル条約
	オスマン・ヴェネチア戦争、開始
1571	レパントの海戦、オスマン艦隊敗北
1572	
1573	オスマン艦隊の勢力が復活、キプロス島をとる
1574	チュニジアを征服。北アフリカをすべて支配下に

西暦年	室町幕府
1578	
1579	
1668	
1672	
1683	
1699	

西暦年	オスマン帝国
1578	カスピ海進出、サファヴィー朝ペルシャに侵攻開始
1579	ソコルル・メフメト・パシャが暗殺される
1668	ヴェネチアからクレタ島を奪取
1672	ポーランド軍をポドリアで破り、この地域の支配権を獲得して領土最大
1683	第二次ウィーン包囲(1699年まで)。トルコ最後の外征
1699	カルロヴィッツ条約

第9章▼ 十五世紀——応仁の乱と百年戦争

宗教戦争になっていないだけマシな日本の戦乱

英仏百年戦争は、典型的な宗教戦争

人類の歴史は戦争の歴史といっても過言ではありません。というとじつに月並みですが、人類の歴史を繙くと真面目な動機で始まった戦争から、不真面目な動機で始まった戦争、そして誰が何のために戦っているのかわからなくなった戦争まで、さまざまです。

戦争が始まる理由は多種多様で、外国に祖国を奪われたくない(元寇)、異教徒に奪われた聖地を取り返す(十字軍)、俺の妾に裁判で依怙贔屓しろ(承久の乱)、サッカーの試合で暴動が起きた(サッカー戦争)などなど。本書で登場しない一九六九年のサッカー戦争は、サッカーのワールドカップの予選でエルサルバドルとホンジュラスが戦い、お互いの国民が暴徒化していき、誰も止められなくなって国と国の戦争に突入しました。

さて、本章では百年戦争と応仁の乱を解説します。だらだらと長引き、典型的な「誰が何のために戦っているのかわからなくなった戦争」と化しました。二つとも、もっともらしい説が並べ立てられているのですが、なぜ戦争が始まり、異常なほど長期化したのか、よくわからないのです。もっとも、合理的な説明がないのは当然で、不合理なことをやっているのに、合理的な説明ができたら嘘です。

ところで、宗教戦争はなぜ悲惨なのでしょうか。よく勘違いされるのですが、宗教が理由で始まるからではありません。人類史における宗教戦争だって、いろいろな思惑が重なり合って始まるものです。まさに十字軍がそうでした。

問題は、宗教戦争が悲惨な理由です。それは、宗教が理由でやめられなくなるからです。まずは典型的な宗教戦争とされる、英仏百年戦争から見ていきましょう。

敵の王を捕らえても殺さなかったヨーロッパ

英仏百年戦争の「英」とは、イングランドのことです。イングランドはブリテン島の南半分を支配する国で、当時からウェールズを征服していましたが、ブリテン島の北半分を占めるスコットランドは宿敵です。隣の島のアイルランドにも支配は及んでいません。いまのグレートブリテンおよび北アイルランド連合王国（つまり、いまのイギリス）の過半数を占める国ではありますが、まだまだ弱小国なのです。

ややこしいのが、ドーバー海峡を挟んだフランス国王との関係です。

フランス最大の貴族は、アキテーヌ公です。しかし、いくら力があってもフランス国王には臣下の礼をとります。とはいえアキテーヌ公は、イングランド王の世襲です。同じ人格のエドワード三世が、フランス貴族アキテーヌ公としては国王に忠誠を誓い、イングランド国王としては対等の立場からモノをいう。これで揉めないほうが不思議です。

エドワード三世がフランス国王の継承を要求したり、フランスがスコットランドを唆《そそのか》してイングランドを攻撃したりと、お互いに戦争を仕掛けます。

そして一三三七年から、百年戦争が始まります。一三三九年開始説もありますが、英仏両国は慢性的に争っているので、いつ戦争が始まったかで学者の説が分かれてしまうのです。近代のように宣戦布告で始まって講和条約締結で終わるというような、戦争と平和のケジメはありません。最終的に一四五三年まで続きますが、その間、絶え間なく戦っていたわけではありません。延々とダラダラと、小競り合いが続いただけです。

一三三七年、仏王フィリップ六世はイングランドの所領であるギュイエンヌを没収しました。これにエドワード三世が怒り、フランス国内では両派に分かれて抗争が始まります。

戦況はイングランドに有利でした。まず、イングランドが精強な弓兵を抱えていたこと。そして、不利になればブリテン島に逃げ帰り、態勢を立て直すことができたことです。後背地があるイングランドに対し、フランスは「毎日が本土決戦」の感覚なのです。

ただ、主力は騎士と傭兵です。どちらも維持費に金がかかります。本気で戦いたがりません。たとえば年表で見ると、一三五五年にエドワード三世がフランスのカレーに上陸していますが、すぐに帰国しています。一方、一三六二年にはペスト（黒死病）が大流行しています。こちらの死者のほうが多いのです。英仏両国ともに、調略により敵を寝返らせようと必死です。両国の国王ともに安心して戦えないのです。

一三七六年、イギリスのウェストミンスター、つまり、いまの国会議事堂があるところで「善良議会」が開かれました。議会とは、王様が貴族から取り立てる税金について議論する機関です。戦争にはお金が必要で、すべて税金で賄われます。では戦争をやめろ、ということになるかといえば、そうはなりません。揉めれば揉めるほど、貴族にとってはおいしいからです。増税は王様と取引できる格好のチャンスです。

ちなみに中世ヨーロッパでは、敵の王様を捕虜にしても殺しません。捕虜にして、身代金をせしめるのがルールです。殺してはいけません。主君が捕虜になった場合には身代金がいくらなど、最初から決まっているのです。出す兵隊の数も決まっています。洗練されてはいませんがゲームなので、不文のルールがあるのです。

一三八一年、イングランドは第三回目の人頭税を導入します。農民が怒ってワット・タイラーの乱が始まりました。一三八四年にはフランスとスコットランドが同盟を組みました。イングランドを挟み撃ちということですが、かといって、スコットランドだってそんなに真面目に戦う気はありません。このへんはまだまだ、本気で相手を抹殺する気があるのか疑うような戦い方です。

一三八九年にはペストが大流行し、休戦協定が結ばれました。

なんとも、締まらない戦争です。

なお、一三七八年にローマ教会が分裂し（シスマ）、一方の教皇がフランスに逃げ込んできたりしています。日本でも天皇家が南北朝に分かれていましたが、カトリックの場合は「東西朝」です。

ついでにいうと、神聖ローマ皇帝の位も安定せず、いろいろな貴族の家をコロコロ転がります。

なぜ母国フランスもジャンヌ・ダルクに震撼したのか

こんな感じで延々と百年近くも泥沼の抗争を続けていたのですが、一人の少女の登場で様相が一変します。もちろんジャンヌ・ダルクです。

一四二九年、ジャンヌは突如として「神の声が聞こえた」と現れました。あれよあれよという間にシャルル王太子の前に進み出て、偽物には見向きもせず家臣のなかに紛れていた本物を「あなたでしょう！」と指さすという、華々しい登場の仕方でした。〝やらせ〟の匂いがするエピソードですが、信仰心が篤い（＝信じやすい）当時のフランス人には熱狂的に支持されました。

そして、女の子なのに鎧《よろい》を着て戦いはじめたら、なぜか勢い余って勝って勝ちまくりました。結果、本物の王太子だと言い当てられたシャルル七世が王様になることができました。

ペストに苦しみ、イングランドの猛攻に厭戦気分だったフランスは、瞬く間に優勢を築きます。ジャンヌの名は、英仏両国に鳴り響きました。

たかが一人の少女の登場に敵のイングランドだけでなく、フランスさえも震撼《しんかん》したのには、時代背景がありました。

百年戦争の真っ最中、イングランドのオックスフォード大学のウィクリフ教授が唱えた説はバチカンを戦慄《せんりつ》させました。聖職者の贅沢な生活を糾弾するのみならず、パンがキリストの肉でワインが血であるなどとは、聖書のどこにも書いていないと論難しはじめたのです。

ローマ帝国乗っ取り以来、バチカンは聖書の解釈権を独占していました。知識人の公用語であるラテン語を使いこなし、無知蒙昧な庶民を洗脳していたのです。庶民どころか、貴族たちだって太刀打ちできません。

ウィクリフが最初に声をあげたのは一三七六年ですが、一三八四年の死去から三十年くらいたってから、急速に学説が支持されたのです。その動きは、神聖ローマ帝国のお膝元のチェコで広がりました。ヤン・フスという神学者が、バチカンが千年来やりたい放題やってきた聖書の解釈を糾弾しはじめたのです。フスの主張の根本は、「なぜ神の声を聴くのに、バチカンを通さねばならないのか」です。

いうなれば、バチカンは「中間手数料」で生活しているのです。富と権力の源は、キリスト教信者全員がバチカンを通さねば神様とつながれないことです。だからこそ、信者は教皇以下ローマ教会にひれ伏し、全財産どころか命まで差し出すのです。

ちなみに、この場合の財産には妻や娘も含まれます。この時代の女性は、独身のときは父親の、結婚したら夫の財産です。仮にカトリックの神父が村の娘や庶民の人妻を手籠めにしたとしましょう。神の教えだとかいって黙らせます。それでも文句をいえば「魔女が錯乱している」などと魔女裁判にかけて、火あぶりにして殺してしまいます。無知蒙昧な庶民など、逆らう術もありません。逆らえば、死んだら地獄行きのうえに、未来永劫《えいごう》、魂が苦しめられると信じているのですから。

庶民が神様と直接話せるようになれば、そんなでたらめは許されなくなります。何より、ローマ教会が千年以上もでたらめを続けてきたことが、白日のもとにさらされます。

バチカンはフスを騙し討ちにし、一四一五年に火あぶりにしました。しかし、かえってフスの支持者たちは抵抗し、フス戦争が始まってしまいました。これは一四三六年まで続きます。

ジャンヌの登場は、まさにフス戦争の真っ最中。教皇と皇帝が談合して十字軍を派遣しますが、そのたびに返り討ちにされているころの話です。

バチカンを通さずに神の声を聴く――ジャンヌはフスと同様の危険分子です。日ごろは鍔迫《つばぜ》り合いを続ける教皇と皇帝も、かつてはフス派つぶしでは手を握りました。結局、教皇と皇帝の対立など、利権の分け前の分捕り合いにすぎないのです。フスは共通の敵です。共同受益者である点は、教皇とフランス国王の関係も同じです。そして、イングランド国王も。いってしまえば、この人たちは「勝手知ったる喧嘩相手」なのです。ならば、ジャンヌは?

一四三〇年、ジャンヌはイングランドの捕虜になりました。当時の戦争のルールだと、フランスが身代金を払えばイングランドは返さねばなりません。しかし、シャルルは大恩あるジャンヌの身代金を払おうとしません。勝手に殺してくれといわんばかりです。

あわれ、翌年、ジャンヌは火あぶりにされてしまいました。

その後も一進一退の攻防が続きますが、最終的に一四五三年、フランスがイングランドを追い出すかたちで終結しました。イングランドに残されたのは、わずかにカレーだけとなりました。「フランス最大の貴族」の面影だけが残った格好です。

当時からシャルルは「人でなし」と呼ばれていましたが、ジャンヌを教皇や敵方のイングランドとの談合で葬り去ることにより、百年戦争を完全な宗教戦争にさせなかったとの評価もできるのです。

なお、フランスはマルチン・ルターが一五一七年に始めた宗教改革の波をもろにかぶり、ジャン・カルバンがユグノー戦争を起こし、百年にわたる殺し合いをフランス領内で続けています。

現代でも世界一、政教分離が厳しい国として知られています。

乱れた世を直すための義教の「万人恐怖」

同じ時期、室町幕府六代将軍足利義教は、「万人恐怖」として恐れられていました。理由は「顔が気に入らない」「飯がまずい」という理由で、人を殺したからです。

日本史の基準では「万人恐怖」ですが、ヨーロッパましてや中国でそんな話をすれば、馬鹿にされるでしょう。特権階級ならば誰でもやる話だからです。

ちなみに義教の場合、「顔が気に入らない」は儀式のときにふざけて笑った貴族を島流し、「飯がまずい」は職務怠慢の料理人を処刑しただけです（以上、貞成《さだふさ》親王の『看聞《かんもん》日記』より）。いずれも綱紀粛正の一環であって、気まぐれではありません。

義教の先代の義持は、周囲を甘やかし続けました。足利家継承の経緯から、周囲の実力者に頭が上がらないのです。だから誰もが増長し、社会の空気が瀰漫《びまん》していたのです。

たしかに義教は、理由を説明することなく、次々と処分をくだし、ときに物理的に殺していきました。これに人々は恐怖したのです。ここで大事なのは、「理由を説明することなく」です。仮に最高権力者かつ責任者の義教が、人を処分するのに「理由」が必要だとしましょう。臣下は「理由」を盾に拒否権集団化します。だから、乱れた世を正すには、理由もわからず殺されるかもしれない「万人恐怖」でなければならなかったのです。

そんな絶対権力者だった義教が嘉吉の乱で死ぬと、反動がきます。

継いだ七代将軍義勝《よしかつ》は若くして死にます。次男の義政が八代将軍となりました。再び宿老たちは、やりたい放題をします。

勢力は大きく三つに分かれていました。第一は、将軍側近集団。政所執事の伊勢貞親《さだちか》と僧の季《き》瓊真蘂《けいしんずい》。官界と宗教界のドンです。第二は、管領の畠山持国《もちくに》。政界主流派です。第三は、山名宗《そう》全《ぜん》と細川勝元《かつもと》。政界の新興勢力です。宗全は勝元に娘をやり、勝元も宗全から養子をもらい、盟友関係を結びます。そして血の結束で政争を勝ち抜き、宗全は勝元を管領に擁立、政界主流派の地位を奪いました。

しかし、権力を握るまでは手を組んでも、握った権力の分け前をめぐって争うのも世の常。共通の敵がいなくなると、今度は細川・山名が二派に分かれて争うようになります。周囲も自然と二人を領袖として仰ぎ、本人たちの意思と無関係に派閥ができていきます。

先代義教を暗殺してお取り潰しにされた赤松氏が、南朝の残党に盗まれていた三種の神器を取り返してきました。そのうえで、お家再興を管領の細川勝元に求めてきました。これに舅の山名宗全は大反対です。宗全は赤松討伐で名をあげ、その旧領を手にしたのです。いまさら赤松に返す気はありません。かつては盟友だった婿・舅の関係に隙間風が吹きはじめます。

こうした火種がくすぶったところに、何の実権もないことに嫌気がさした将軍義政が隠居を言い出します。息子がいないので、出家している弟の義尋《ぎじん》（のちの足利義視《よしみ》）を還俗《げんぞく》させ、将軍職を譲りたいとしたのです。後見人は細川勝元です。

ところが翌年、正室の日野富子が男の子を生みました（のちの足利義尚《よしひさ》）。後見人は山名宗全です。ついでにいうと、細川勝元の側室に男の子が生まれたので（のちの細川政元）、宗全の娘は実家に帰され、養子の男の子は寺に入れられました。完全に喧嘩を売っています。それでいて勝元は義視の後見人として、「男の子（義尚）が生まれたからと約束を守ってもらわねば困る」と、義政に迫ります。ダブルスタンダードというのはもう少しマシなものをいうのではないかと思われますが、これが室町です。

これに、畠山・斯波など有力大名の後継者争いが絡み、完全に二派に分かれて抗争しました。

室町は異常な時代だが、しかし常識はあった

一四六七年から七七年まで、応仁の乱として激突します。途中で元号が変わったので、応仁・文明《ぶんめい》の乱ともいいます。勝元は花の御所を本営とし、宗全は京都の西陣に陣を敷きました。だから、東軍西軍といわれます。

東軍が、細川勝元・赤松・京極……。西軍が山名宗全、大内、六角《ろっかく》……。畠山氏は、勝元の盟友の政長《まさなが》が東軍、宗全が庇護《ひご》した義就《よしなり》が西軍というふうに分かれました。斯波氏も同様です。こ

の人たち、何かの理念で分かれているわけではありません。すべて、利権抗争で、「あいつがいるなら、俺は逆」です。畠山や斯波は家督を争っているので当然分かれる。赤松と山名は先の事情で宿敵。近江（滋賀県）の北部の京極と南部の六角は、同じ一族だけどあらゆる利害がぶつかり合うので、絶対に一緒の陣営にいられない、という理由です。

山名宗全は「毘沙門天《びしゃもんてん》の化身」と呼ばれた戦上手でしたが、細川勝元は何でもありの政治力で優勢に事を進めました。相手の家臣を寝返らせたり、味方をあえて上京させないで敵の本拠地を攪乱《かくらん》して補給を断つなど。

ところが、山口の大名の大内政弘《まさひろ》が二万といわれる大軍を率いて西軍についたので、戦況は膠着《こうちゃく》してしまいました。大内にも、絶対に細川につくわけにはいかない、だから自動的に山名につくしかない理由があるのです。いってしまえば「細川が嫌い」なのですが、利権が絡みます。

細川氏は堺商人の利益代表です。もともと堺は大内氏の地盤だったのが、足利義満の謀略で奪われてしまいました（応永《おうえい》の乱）。そこに入り込んだのが細川です。追い出された大内は、博多に地盤を求めました。室町幕府は明との勘合《かんごう》貿易で莫大な利益を得ていましたが、堺と博多の商人は貿易の利益をめぐり、激しく角逐していました。応仁の乱は、本質的に細川対大内の抗争なのです。

ちなみに、日野富子は花の御所が東軍本営となると後見人を細川勝元に取り換え、いたたまれなくなった義視は山名宗全のところに駆け込みました。完全にねじれたわけです。

戦は十一年もダラダラと続き、勝元も宗全も乱の途中で病死し、戦いに飽きた諸将は国へ引き返しました。気がついたら、義尚が将軍となっていました。

以後、細川と大内以外の大名はことごとく没落します。しばらくは畠山氏も室町幕府で重きをなすので、室町幕府の三大勢力は細川・大内・畠山となります。

ちなみに、最近は応仁の乱に関して異説が出ていますが、それが学界の大勢となっているとは思えないので、従来の通説を紹介しました。古典として、永原慶二『日本の歴史10　下剋上の時代』（中公文庫、一九七四年）をご紹介しておきます。

たしかに日本人の立場としては、デタラメな戦乱で苦しめられています。

しかし、宗教戦争になっていないだけマシです。室町の寺社はたいへんパワフルですが、狂信的な理念を振り回さないだけ、かなりマシなのです。

また、深刻な拷問もありません。少なくとも魔女狩りのような野蛮な殺し方をされることはありませんし、間違ってもエドワード二世のように「肛門に焼け火箸を突っ込んで殺される」などないのです。少なくとも大名は。室町で女性や子供のみならず領民を自分の財産のように扱ったら、即座に一揆を起こされて血祭りにあげられるでしょう。

室町は日本史のなかでは異常な時代ですが、それでもやってはいけないことの常識はあるのです。宗教戦争と快楽目的の拷問は、人間を無限大に野蛮にしますので。

引用参考文献
永原慶二『日本の歴史10　下剋上の時代』（中公文庫、一九七四年）

❖十五世紀―応仁の乱と百年戦争

西暦年	応仁の乱	西暦年	百年戦争
1337		1337	仏王フィリップ六世が英領ギュイエンヌを没収、イングランド、フランスに宣戦布告
1338		1338	イングランド王エドワード三世がフランドルに上陸し、大陸の同盟者達と会合して帰国
1339		1339	イングランド王エドワード三世がカンブレーを包囲
1340		1340	スロイスの海戦。イングランド王エドワード三世がガン市でフランス王即位を宣言
1341		1341	ブルターニュ継承戦争勃発
1342		1342	モーレイクスの戦い。ヴァンヌの戦い
1343		1343	エスプレシンの休戦条約。教皇クレメンス六世が仲裁
1345		1345	南仏のバヨンヌにランカスター公ヘンリー率いるイングランド軍が上陸
1346		1346	イングランド王エドワード三世がノルマンディーに上陸し、ガン市を占領 クレシーの戦い。イングランド王は会戦後、カレー市を包囲 イングランドで、ネヴィルズ・クロスの戦い
1347		1347	仏王フィリップ六世はカレーへ出陣するも退却、カレー市は降伏 ラ・ロッシュ・デリアンの戦い カレー休戦条約。5年期限の休戦条約締結 このころ、西ヨーロッパで黒死病が蔓延
1350		1350	イングランド沖でウィンチェルシーの海戦
1355		1355	イングランド皇太子エドワードが南仏へ侵攻 イングランド王エドワード三世がカレーに上陸するが、すぐに帰国
1356		1356	ポワティエの戦い。フランスが大敗し、仏王ジャン二世は捕虜に
1358		1358	フランスで、エティエンヌ・マルセルの乱 フランスで、ジャックリーの乱
1359		1359	イングランド王エドワード三世がカレーに上陸し、ブルゴーニュへ侵攻
1360		1360	ブレティニーの和約。休戦とジャン二世の一時釈放
1362		1362	西ヨーロッパで黒死病が再び蔓延
1364		1364	オーレーの戦い ゲランド条約
1367		1367	前国王ペドロ一世とイングランド皇太子が同盟、カスティリアへ侵攻 ナヘラの戦い
1368		1368	イングランド大陸領ガスコーニュで反乱
1369		1369	仏王シャルル五世が大陸の全イングランド領の没収を宣言 モンティエルの戦い 西ヨーロッパで黒死病が再び蔓延
1370		1370	ポンヴァヤンの戦い
1372		1372	ラ・ロシェールの海戦
1373		1373	ゲクラン率いるフランス軍がブルターニュ地方の大半を制圧
1374		1374	ランカスター公率いるイングランド軍がカレーに上陸
1375		1375	ブリュージュ条約。2年間の休戦条約 西ヨーロッパで黒死病が再び蔓延

西暦年	応仁の乱	百年戦争
1376		イングランド、「善良議会」開催。王側近の粛清と3年間の関税徴収を承認。ウィクリフ、バチカンを批判
1377		イングランドで、第一回人頭税の徴収 イングランド王エドワード三世が没し、リチャード二世が跡を継ぐ アヴィニョン教皇がローマへ帰還、アヴィニョン虜囚終わる
1378		カスティリア海軍がコーンウォルを襲撃 イングランド軍がフランスのシァーブルを攻略 アヴィニョンで教皇が就任してローマ教皇と対立、教会大分裂（シスマ）が始まる
1379		フランス・カスティリア海軍がイングランド南部沿岸を広範囲に攻撃 イングランドで、第二回人頭税の徴収 西ヨーロッパで黒死病が再び蔓延
1380		カレーにバッキンガム伯率いる遠征軍が上陸し、成果なく退却 イングランドで、戦費調達を目的に議会が開かれ、人頭税徴収が決まる
1381		イングランドで、第三回人頭税の徴収。ワット・タイラーの乱を誘発 第二次ゲランド条約
1382		フランス、パリで反乱が起こる。ローゼベーケの戦い
1383		十字軍としてイングランド軍がフランドルに侵攻するが失敗
1384		フランス・スコットランド同盟が成立
1386		イングランド、ランカスター公がカスティリアに遠征
1387		イングランド艦隊がフランス・カスティリア連合艦隊を破る
1388		イングランドで、「無慈悲議会」
1389		イングランド仏休戦協定。西ヨーロッパで黒死病が再び蔓延
1392		黒死病大流行。休戦協定締結
1396		フランスとイングランドが28年期限の休戦条約
1397		イングランド、英王リチャード二世が私兵と側近団を強化し、反対派を弾圧
1401		イングランド、ウェールズで反乱
1402		イングランドで、ホミルドンの丘の戦い
1403		ブルターニュ海軍がイングランド艦隊を撃破。イングランドで、シュルーズベリの戦い
1404		イングランドのカレー守備隊がフランス北東部を、フランス海軍はイングランド南岸を攻撃
1405		フランスの遠征軍がウェールズに上陸し、ウェールズ反乱軍と合流
1407		フランスで、ブルゴーニュ公ジャンがオルレアン公ルイを暗殺
1408		イングランドで、ブラマム・ムーアの戦い
1411		ブルゴーニュ公がイングランドと同盟を結ぶ
1412		アルマニャック派とイングランドが同盟
1413		西ヨーロッパで黒死病が再び蔓延
1414		イングランド王ヘンリー五世がフランス王位継承権や大陸の旧イングランド領を要求
1415		イングランド王ヘンリー五世がノルマンディーに上陸。アザンクールの戦い。バチカンがフスを処刑、フス戦争の契機 フス戦争始まる（１４３６年まで）
1416		アルフルールの戦い

1417	
1418	
1419	
1420	
1421	
1423	
1424	
1425	
1426	
1427	
1428	
1429	
1430	
1431	
1433	
1435	
1436	
1437	
1439	
1440	
1441	
1442	
1444	
1445	
1447	
1449	
1450	
1451	
1452	

1417	ヘンリー五世率いるイングランド軍がノルマンディーを占領 アヴィニョン教皇とローマ教皇が辞任し、教会大分裂が終わる
1418	ヘンリー五世率いるイングランド軍がルーアンを占領
1419	ヘンリー五世率いるイングランド軍がオルレアンを占領
1420	ラ・ロシェルの海戦。イングランド艦隊が敗退。トロワの和約
1421	ボージェの戦い フランスで、サブレ条約。ブルターニュ公がアルマニャック派と同盟
1423	ブールヌーフの戦い。イングランドの敗退
1424	ヴェルヌイユの戦い。イングランド軍がイル・ド・フランスの一部を占領
1425	ベッドフォード公率いるイングランド軍がメーヌ州に侵攻
1426	サッフォーク公率いるイングランド軍がブルターニュに侵攻
1427	モンタルジスの戦い。フランス軍がイングランド軍を破る 西ヨーロッパで黒死病が再び蔓延
1428	イングランドとブルゴーニュ公の連合軍がオルレアン市を包囲
1429	鰊の戦い オルレアン市にジャンヌ・ダルク率いる援軍が到着し、包囲を破る パテーの戦い。イングランドが大敗
1430	フランスで、コンピエーニュの戦い。ジャンヌ・ダルクが捕虜に
1431	ジャンヌ・ダルクはイングランドに渡され、裁判ののちに処刑 イングランド・ブルゴーニュ連合軍がパリ周辺のフランスの拠点を占領 イングランド王ヘンリー六世がパリで仏王として正式に即位
1433	西ヨーロッパで黒死病が再び蔓延
1435	リッシュモン率いるフランス軍がノルマンディーへ侵攻 フランスで、アラスの和約
1436	リッシュモン率いるフランス軍がパリを占領 フランス軍がカレーを攻撃するも失敗
1437	ヨーク公率いるイングランド軍がパリを攻撃するも失敗
1439	イングランド軍がブルターニュへ侵攻するも失敗
1440	フランスで、プラグリーの反乱
1441	フランスがシャンパーニュとイル・ド・フランス地方の大半を制圧
1442	仏王シャルル七世率いるフランス軍がギュイエンヌ地方に侵攻 サマセット公率いるイングランド軍がブルターニュに上陸
1444	トゥール休戦条約
1445	サマセット公率いるイングランド軍がブルターニュに侵攻 フランス、リッシュモンによる軍制改革で常備軍を設置
1447	対仏強硬派の筆頭グロスタ公が逮捕され、急死
1449	リッシュモン率いるフランス軍がノルマンディーに侵攻
1450	フォルミニーの戦い。イングランド軍が大敗し、ノルマンディーを完全に失う イングランドで、ジャック・ケイドの乱
1451	仏王シャルル七世率いるフランス軍がギュイエンヌ地方に侵攻
1452	イングランドで、ヨーク公がサマセット公の処分を求めて軍事的示威行動 フランスで、ジャンヌ・ダルク復権裁判

西暦年	応仁の乱	百年戦争
1453		カスティヨンの戦い。イングランドが大敗し、ギュイエンヌを失う 大陸でのイングランド領はカレーだけとなり、百年戦争が終結
1466	9月6日、文正の政変。八代将軍足利義政の側近伊勢貞親と季瓊真蘂らが諸大名の反発で追放	
1467	1月18日、上御霊社の戦い。畠山義就、政長の陣を襲う。応仁の乱勃発 3月5日、「応仁」に改元される 5月26日、京都市中において東軍が西軍の陣を攻める 6月3日、足利義政、牙旗を細川勝元に授ける	
1468	9月22日、伊勢に滞在していた足利義視が管領・細川勝元や足利義政に説得されて東軍に帰陣 11月23日、足利義視、山名宗全の陣に与する	
1469	1月、足利義尚が将軍継承者として披露される 4月28日、「文明」に改元	
1471	5月21日、朝倉孝景、主家斯波氏に代わって越前守護に任ぜられる 7月27日、蓮如、越前吉崎に下り、布教の拠点とする 8月26日、西軍諸将の要請を受けて南朝皇胤が入洛、北野松梅院に入る。西陣南帝	
1472	3月、細川勝元が猶子・勝之を廃嫡して、実子・聡明丸（細川政元）を擁立したのち、剃髪 5月、山名宗全が自殺を図って制止され、家督を嫡孫政豊に譲り、隠居	
1473	3月18日、山名宗全死去 5月11日、細川勝元死去 和睦交渉再開、畠山政長と畠山義就の大反対で頓挫。西軍で擁立されていた西陣南帝も放擲 12月19日、足利義尚、征夷大将軍に	
1474	3月、足利義政は小河に建設した新邸に移り、室町邸には富子と義尚が残る 4月3日、山名政豊と細川政元が講和し、畠山義就、大内政弘らを攻撃 7月、富樫幸千代と富樫政親・朝倉孝景・本願寺門徒連合軍が戦う	
1475	2月、東幕府からの遠江守護代の任命により甲斐敏光が東軍に寝返る 11月、西軍の管領斯波義廉、斯波義敏派の又守護代織田敏定討伐のため、守護代織田敏広を連れて尾張へ下国	
1476	9月、足利義政が西軍の大内政弘に「世上無為」の御内書 12月、足利義視が足利義政に恭順を誓い、義政も義視の罪を不問に付すと返答	
1477	1月18日、長尾景春、山内上杉顕定・扇谷上杉定正を武蔵五十子で攻撃、後に鉢形城を拠点とし抵抗開始 9月22日、主戦派の畠山義就が畠山政長の追討を名目に河内に下国 11月11日、大内政弘が京から撤収したことで西軍は事実上解体、京都での戦闘は収束。土岐成頼、足利義視を連れて美濃へ帰国 11月20日、幕府によって「天下静謐」の祝宴	

第10章

十六世紀——織田信長とエリザベス一世

戦いに生き、志半ばで倒れた二人の英雄

エリザベスは幾度も命の危機に瀕した苦労人

十六世紀、ユーラシア大陸の東側に浮かぶ我が日本は、戦国時代の真っただ中でした。そこに英雄・織田信長が現れます。

かたやユーラシアの西側のブリテン島でも動乱が繰り広げられ、イギリスきっての名君といわれるエリザベス一世が切り盛りします。

さて、エリザベス一世は、世界の辺境の西ヨーロッパの、さらに辺境のブリテン島の南半分を支配するイングランドという国の王女様でした。織田信長より一歳年上の一五三三年生まれです。数奇な運命をたどります。ちなみに、父親のヘンリー八世は梅毒だったようで、娘のエリザベスにも遺伝していたという説があります。

彼女の父親のヘンリー八世は変わり者でした。一言でいえば、「愛の人」でしょうか。あるとき、言い寄った女に「離婚しないと肉体関係を結んであげない」と言い出されました。しかし、カトリックは離婚できません。そこで、ヘンリー八世はカトリックをやめようと決意します。と書くと簡単ですが、当時は命がけどころではありません。それまでイングランドはローマ教皇に怯えきり、神聖ローマ帝国にもこびへつらっていました。小国だからです。しかしヘンリー八世は、その両方を敵に回して戦いはじめます。カトリックを離脱し、英国国教会を設立しました。〝愛〟のためです。

これを機にエリザベスの母親のアン・ブーリンは、国王暗殺容疑・不貞・近親相姦などなどの罪状で処刑されています。王様の気まぐれで命が奪われる時代です。エリザベスも何度も命の危機に瀕した、苦労人でした。

カクテル「ブラッディ・メアリー」の由来とは

しかし、その苦労も自業自得な面もあります。たとえば、一五四九年のトマス・シーモア事件です。エリザベスが義理の父親であるトマス・シーモアとベッドのなかにいたのが見つかり、「何もしていない」と言い張ったのに疑われた、という事件です。ちなみに義理の母であるキャサリン・パーは命の恩人でもあります。このときは何とか言い逃れましたが……。

ヘンリー八世を継いだエドワード六世は、十代半ばで若死にしました。その後継のジェーン・グレイはイングランド初の女王となりますが、メアリー一世の手で九日で廃位され、その七カ月後には斬首刑となっています。「レディ・ジェーン・グレイ」のタイトルでその処刑を描いた絵画でよく知られている人です。ジェーン・グレイの座を奪って即位したメアリー一世は、のちにブラッディ・メアリーと呼ばれました。その名のついたカクテルも有名ですが、なぜ「血塗られている」かというと、メアリー一世が敬虔なカトリックで、プロテスタントを数百人処刑したためです。

一五五四年、メアリー一世は皇帝カール五世の皇子フェリペと結婚しますが、のちにスペイン王となる皇子と結婚することは、深刻な問題をはらみます。

キリスト教は当時、カトリックとプロテスタントとに分かれてつぶし合いをやっている真っ最中です。イングランドは、ヘンリー八世のときにカトリックから離脱して、のちに英国国教会という独自のプロテスタントをつくることになりました。ややこしいのは、この英国国教会というのは、カトリックに従属していないからプロテスタントではあるのですが、別に独自の教義を編み出したわけではなく、中身はカトリックのままということです。ただ、ローマ教会に反旗を翻したのですから、裏切り者です。ブリテン島のなかでもカトリックとプロテスタント（国教会）の抗争で、血の雨が降り続けるのです。

さらにそこへ、ヨーロッパでは随一の大国であるスペインが絡んできます。当時、カトリックのハプスブルク家は神聖ローマ皇帝とスペイン王を輩出しています。

ちなみに皇帝カール五世の皇子フェリペと一五五六年にスペイン王に即位しているフェリペ二世は、同一人物です。また、スペイン国王カルロス一世と神聖ローマ皇帝カール五世は、同一人物です。メアリー一世は、ハプスブルク家を後ろ盾に、国内で権力を振るいました。

メアリー一世がフェリペと結婚した途端、プロテスタントへの迫害が始まります。ちなみにメアリー一世は決して有能だったわけではなく、フランスに最後まで残っていた領土のカレーを奪われ、大陸の領土を完全に失います。

エリザベスは粛清されないよう、身を潜めて生きています。それでも即位二カ月前には、反乱容疑でロンドン塔に幽閉されたりするのですが。

一五五八年、異母姉のブラッディ・メアリーが死に、エリザベスは女王になって初めて殺されないで済むようになりました。とはいえ、小国イングランドは周り中、敵だらけです。

領土はそのままなのに「大英帝国の生みの親」？

プロテスタントのエリザベス一世が即位したので、カトリックのスペインが敵に回ります。同時に神聖ローマ帝国も敵に回します。対岸にはフランスがいて、背後にはスコットランドがいます。こういう状況で真っ先に攻めるのはどこか。スコットランドです。このなかでいちばん弱く、イングランドとは陸続きです。エリザベス一世は即位したその年、スコットランドに出兵しています。

一五六二年、フランスでユグノー戦争が勃発しています。王家の争いと宗教戦争が絡んで、三つ巴で殺し合いをやっているという悲惨さです。時のフランス王アンリ四世は生涯に四回、改宗しています。自由意志で改宗したのは、最後の一回だけです。ユグノーというのはプロテスタントのことで、アンリ四世の母親はユグノーでした。この人物も何度も誘拐され、強制的に改宗を繰り返させられました。

一五七二年のフランスでのプロテスタント大量虐殺は、別名、サン・バルテルミの虐殺と呼ばれています。宮廷のユグノー貴族、プロテスタント市民が、カトリック側の主張では二〇〇〇人、プロテスタント側の主張では七万人が殺されました。

そんな状況を見たエリザベス一世は、フランスに攻め込んで返り討ちにあったり、スコットランドとさまざまな約束を誓ったりしています。スコットランド女王メアリーはエリザベス一世の宿敵です。最後にはイングランドで処刑されています。

エリザベスは来英したフランス王の弟から求婚されていますが、これはロマンチックな話でも何でもなく、要するに、イングランド乗っ取りを図りたい人たちの策略です。フェリペ二世からも何度も求婚されますが、エリザベスは言葉巧みに回避します。生涯結婚しなかったので「処女王」と呼ばれました。多数の愛人をとっかえひっかえしたので、嫌味なあだ名でもありますが。

エリザベスは、スペインから独立しようとするオランダを支援しています。海賊に金をやって、スペインの貿易を邪魔させたりしています。

有名なのは探検家のウォルター・ローリーです。海軍軍人というよりは海賊で、ついでに女王の愛人です。宿敵メアリー・スチュアートを処刑した翌年が、日本人が、必ずなぜか覚えさせられる一五八八年のアルマダの海戦です。

このとき、世界最強のスペイン無敵艦隊を破り、イングランドが世界最強の海軍国になったと信じているのは、おそらく日本人だけです。イギリスですらまともに教養がある人はそう思っていません。暴風雨の神風が吹いて、スペイン艦隊が難破しただけの話です。

なぜか特筆大書される「スペイン無敵艦隊撃破」を除けば、イングランドは苦戦を重ねます。アイルランド九年戦争でポルトガルを攻撃しても失敗しますし、フランス出兵もうまくいきませんし、スコットランドはあいかわらず制圧できませんし、何よりスペイン海軍は健在です。イングランドが応援するオランダもまだまだ劣勢です。

エリザベス一世は一六〇三年に死去します。家康が徳川幕府を開いた年です。女王は信長どころか豊臣秀吉よりも長生きしたのですが、結局は何もなしえませんでした。イングランドを守ることはできましたが、領土はまったく広がっていません。ところが、いつしかイングランドの羽振りがよかった時代の女王、あるいは「大英帝国の生みの親」のごとく語られたりするようになりました。

理由は簡単で、のちの王様が無能な暴君しかいなかったからです。あげくの果てにクロムウェルが起こした清教徒革命（一六四二〜四九年）で、王朝そのものが廃されるような悪夢に陥りますから。

たしかに彼女は必死になって国を守った人ではありますが、日本人が過大評価する理由はありません。

旧体制の破壊者などではなかった織田信長

織田信長が登場するころの日本は、室町幕府が一四九三年の明応の政変以後に当事者能力をなくし、将軍家は割れ、細川管領家も割れ、そこに大内家が乱入してさらに割れ、細川にとって代わったはずの三好《みよし》家も割れ、まとめる人が誰もいない、という状態です。

あげくの果てに一五六五年、さらに三好の家来の松永一族が加わり、三好・松永という、将軍から見ても陪臣、つまり家来の家来のそのまた家来の連中に十三代将軍足利義輝《よしてる》が殺されるという大事件が起きました。永禄《えいろく》の変と呼ばれます。ちなみに有名な松永久秀《ひさひで》は、その場にはおらず、黒幕呼ばわりされているだけです。

義輝は義教の再来をやろうとしたら、あっという間につぶされました。義輝は久しぶりに強くて立派な将軍で、全国の大名の戦を調停しようとしました。

信長は、足利義輝の要請に応じて一五五九年、謁見して忠誠を誓っています。

信長は、義輝から見れば「家来の家来の家来」です。義輝の家来が斯波氏で、斯波氏の家老が織田氏で、信長はそのまた家来の家系です。ただ、熱田神宮の利権を握っており、尾張国一の商業地の津島商人とも誼があり、熱田神宮と津島商人の利益代表としての実力がありました。他の一族がつぶれていくなか、自分以外の織田氏と斯波氏を追い出して尾張を統一し、義輝に支配の正統性を認めてもらうべく上京したのが、一五五九年の謁見です。

最近の研究では、織田信長は旧体制の破壊者でも何でもないという論が主流になっています。

それどころか父親の信秀《のぶひで》の代から、朝廷に対してとてつもない額の政治献金を行なっています。これはまったく当たり前の話で、信長の生命線は伊勢湾の交易利権です。そこに隣国の今川氏が食指を伸ばしています。使えるものは何でも使うから、権威が必要なのです。朝廷を味方につけて権威を与えてもらい、三河守《みかわのかみ》といった任を授かる必要がどうしてもあったのです。

かなり誤解が多いのですが、戦国時代は実力社会ではなく、権威主義社会です。よく「下剋上《げこくじょう》」といわれます。実力がある家臣が主君を倒してとって代わり、他の者を支配することです。

どうやって?

主君を倒せるというのはたしかに実力があるからできるのですが、では「他の者」をどうやって支配するのでしょうか。「他の者」とは昨日までの同輩や上役なのです。そこで、上の者を倒した者は、より上の権威を必要としたのです。

信長は権威主義者の典型で、同輩や上役を倒すのに斯波氏の権威を使いました。その斯波氏を追放した際には、足利将軍家の権威を使う、というように。

こういう権威主義社会は、日本特有の体質です。

同時代のローマ教皇や神聖ローマ皇帝は自身が大貴族で、日本でいえば大大名のようなものです。同じく大大名にあたる国王たちと抗争しているのです。同じ動乱でも、日本の戦国時代は最後に将軍なり天皇が出てきて丸く収めるので、じつはずいぶんと牧歌的です。

全財産の三倍の借金をして仕掛けた大勝負

信長が日本中に名前を知られたのは、一五六〇年の桶狭間《おけはざま》の戦いです。宿敵の今川義元をまくれあたりで蹴散らしたおかげで、尾張（愛知県の西半分）を治めることに成功しました。その後七年間、隣の美濃（飛騨《ひだ》以外の岐阜県）を治めることに人生を懸け、成功しました。江戸時代の石高でいうと、尾張五七万石、美濃五四万石で、合計一一一万石にまでなりました。江戸時代の外様最大の前田家の一〇〇万石よりも上です。いまの感覚でいうと、当時人生五十年といわれているなか、弱冠三十四歳の青年実業家が一生遊んで暮らせるに十分なひと財産を築いたということでしょうか。

ちなみに前田家は関ヶ原の合戦の直前に徳川氏の軍門にくだり、平穏に生き残っています。それは当時の武士の生き残り方としては賢明かつ、当然の行動です。

たとえば信長より少し前の毛利元就は中国地方を制圧した大大名ですが、歴代京都の政権との友好に腐心しました。織田信長のような若造にも丁重に接しています。

齢《よわい》三十四歳で信長が何をしたかというと、天下布武です。有言実行、一五六八年に上洛します。大義名分は「故・足利義輝の弟の義昭《よしあき》を将軍に就け、室町幕府を再興する」です。このとき、最大動員兵力推定二万人のところ、六万の兵力を率います。一生遊んで暮らせる財産を築きながら、全財産の三倍の借金をして大勝負に挑んだわけです。そして、死ぬまで日本中敵だらけになる戦いに生きました。

天下布武とは、「畿内を力でまとめる」ことです。三十四歳の信長が宣言したとき、誰もが誇大妄想であると思いました。同時代の武田信玄や上杉謙信に比べると、信長は二流の人物と見なされていたからです。しかし、信長は徹底的に戦い抜き、信玄や謙信が先に死んだこともあり、いつしか日本第一流の人物の地位に上りつめました。天下人です。もはや天下とは日本全国を指す言葉となっていました。天下布武とは、「日本を力でまとめる」の意味に変わっています。

しかし最期は一五八二年の本能寺の変で、家臣の明智光秀に寝込みを襲われ横死《おうし》してしまいます。

ここで後継者がいなければ、日本は信長以前の元の木阿弥《もくあみ》に戻っていたでしょう。幸い、信長の事業は羽柴秀吉が継ぎます。秀吉は明智光秀を倒し、信長の後継者の天下人になり、天下布武を実現します。

エリザベス一世と織田信長。二人とも戦いに生き、志半ばで倒れました。エリザベス一世は後継者を得られず、イングランドは血で血を洗う殺し合いに突入したのと比べると、日本はなんと幸せだったかと思います。

❖十六世紀―織田信長とエリザベス一世

西暦年	織田信長
1533	
1534	織田信秀の嫡男として尾張で生誕
1536	
1542	
1543	
1546	元服して、織田三郎信長
1547	三河の吉良大浜にて初陣
1548	斎藤道三の娘を娶る
1549	
1552	父信秀が死去、家督を相続 鳴海城主、山口教継・教吉親子が織田家を裏切り尾張領内へ侵攻、赤塚の戦い
1553	
1554	
1555	叔父・織田信光と謀り、織田信友を討ち清洲城を奪取、居城に
1556	
1557	弟・信行が再び謀反。清洲城に呼び寄せ殺害（1558年説も）
1558	尾張東四郡を支配する岩倉城の織田信賢を浮野で破る
1559	上洛して将軍足利義輝に謁見。岩倉城を攻め落として尾張統一
1560	桶狭間の戦いで今川義元を討つ
1562	松平元康（徳川家康）と清洲同盟
1565	永禄の変。養女を武田信玄の息子・勝頼に嫁がせる
1566	墨俣城を木下藤吉郎（豊臣秀吉）に築城させる
1567	近江国の浅井長政と同盟、妹のお市の方を長政の正妻に 斎藤龍興を攻め、美濃国を手中に 井ノ口を岐阜と改名、稲葉山城を岐阜城と改名し、居城に 滝川一益に北伊勢攻略を命じる 天下布武の印を使いはじめる

西暦年	エリザベス一世
1533	ヘンリー八世とアン・ブーリンの娘としてグリニッジ宮殿に生誕
1534	ヘンリー八世、国王至上法を発布しローマ教皇と断絶
1536	母・アン・ブーリンが姦通罪で処刑 庶子となり王位継承権剝奪
1542	王妃キャサリン・ハワード、姦通罪で処刑される
1543	ヘンリー八世、キャサリン・パーと結婚。第三王位継承法により王位継承権が復活
1546	
1547	ヘンリー八世、死去 王太后キャサリン・パーが海軍卿トマス・シーモアと再婚、引き取られる
1548	
1549	トマス・シーモア事件で関与を疑われる
1552	
1553	エドワード六世が死去。ジェーン・グレイが即位するが9日で廃位、異母姉メアリー一世が即位
1554	ワイアットの乱。乱への関与を疑われロンドン塔幽閉 メアリー一世が皇帝カール五世の皇子フェリペと結婚
1555	プロテスタントへの迫害開始
1556	スペイン王・フェリペ二世が即位
1557	大陸領土カレーをフランス軍が奪回
1558	メアリー一世が死去し、王位を継承
1559	ウェストミンスター寺院にて戴冠式 国王至上法を再公布 礼拝統一法を再公布 スコットランドへ出兵 統一令の制定で、英国国教会が設立
1560	エディンバラ条約。スコットランド、フランスと和議
1562	フランスでユグノー戦争が勃発 ユグノーと条約を結んでフランスへ派兵、ル・アーヴルを占領
1565	
1566	
1567	スコットランドで反乱が起こり女王・メアリーが退位しジェームズ六世即位

1568	北伊勢を攻略し、三男信孝を神戸具盛の嗣子に 足利義昭を奉じ、上洛	オランダ独立戦争(八十年戦争)が勃発 スペイン王フェリペ二世に反抗する「海の乞食団」を援助
1569	三好三人衆、足利義昭を京都本圀寺にて包囲。信長急ぎ上洛 足利義昭の新邸・二条城の造営に着手	北部諸侯の乱
1570	謀反を知り近江朽木を越えて帰京 姉川の戦い。徳川家康とともに、朝倉・浅井連合軍と戦う 石山本願寺挙兵。比叡山を包囲 正親町天皇の勅命で、浅井・朝倉両氏と講和	ローマ教皇ピウス五世に破門される。ロンドンに王立取引所が開設
1571	比叡山延暦寺を焼き討ち	
1572	足利義昭に17条の異見書をつきつける 武田信玄、三方ヶ原の戦いで徳川・織田連合軍を破る	フランスでプロテスタントが大量虐殺(サン・バルテルミの虐殺)
1573	信長包囲網 足利義昭を追放。室町幕府滅亡 浅井久政・長政父子自害 武田信玄死去	
1574	越前一向一揆討伐のため、羽柴秀吉(豊臣秀吉)を派遣	
1575	長篠の戦い。武田勝頼を破る 京都妙覚寺で茶会。千利休が茶頭を務める 嫡男信忠に、尾張・美濃を与え、家督を譲る	
1576	安土城築城 正三位に叙せられる。内大臣に	
1577	滝川一益、明智光秀ら雑賀を攻める 羽柴秀吉、中国征伐に向かう	フランシス・ドレーク、リマ沖で、3隻のスペインのガレオン船を奪う
1578	九鬼嘉隆、信長の命により鉄船を建造し、雑賀の水軍を破る 上杉謙信死去	
1579	安土城天主閣完成。浄土宗と法華宗による安土宗論 明智光秀、安土城にて丹波・丹後平定を報告	来英したフランス王の弟から求婚を受ける
1580	畿内の一向一揆平定	
1581	皇居東門外で盛大な馬揃え 伊賀平定、淡路国平定	
1582	天目山の戦い 甲斐国へ侵攻し、武田勝頼を攻め自害させる 加賀国の一向一揆を鎮圧 本能寺の変。明智光秀の謀反。信長、切腹	
1583		スロックモートン陰謀事件。エリザベス一世暗殺の陰謀
1584		探検家ローリー、ヴァージニア州を設立
1585		オランダ独立戦争に介入し、英西戦争が開戦
1587		メアリー・スチュアートを処刑
1588		アルマダの海戦でスペイン無敵艦隊を撃破
1589		アイルランドで九年戦争が勃発。ポルトガルを攻撃するが、失敗
1592		クリストファー・マーロー『エドワード二世』(戯曲)成立
1596		スペインのカディスを攻撃

西暦年	織田信長
1597	
1600	
1601	
1603	

西暦年	エリザベス一世
1597	最初のエリザベス救貧法が翌年にかけて成立
1600	イギリス東インド会社を設立
1601	このころ、シェークスピア『ハムレット』成立
1603	リッチモンド宮殿で死去。スコットランド王ジェームズ六世が王位継承

第11章

十七世紀――三十年戦争と鎖国

三十年戦争でプロテスタント側についた日本

宗教改革後に吹き荒れた宗教戦争の嵐

ヨーロッパにおいて、ルネサンスと宗教改革と大航海時代は、同時進行の出来事です。ルネサンスとは、キリスト教以前の、人間が自由だったギリシャ・ローマ時代の文化を再生しようという文化事業の総称です。キリスト教からの自由を、「ヒューマニズム」といいます。

宗教改革とは、カトリックの腐敗を糾弾する社会運動です。カトリック教会の総本山であるバチカンに抵抗したので、プロテスタント（抵抗する者）と名乗りました。当時のバチカンは、贖《しょく》宥状《ゆうじょう》といって、このお札を買えば天国に行けるなどという商売をしていました。

プロテスタントが怒ったのは、たんにバチカンが金儲けに走ったからではありません。聖書に基づかない勝手な教えを普及して、やりたい放題やったからです。では、聖書の教えとは何か。天地開闢《かいびゃく》のとき、つまり神様がこの世をお創りになったとき、天国に行く人間と地獄に行く人間はあらかじめ定められているはずだ、とする予定説です。これを突き詰めれば、人間に自由意思などないはずだ、バチカンが勝手に贖宥状など発行できないはずだとなります。宗教原理主義です。

一五一七年にマルチン・ルターが宗教改革を始めてから、ヨーロッパ全土で宗教戦争の嵐が吹き荒れます。

マルチン・ルター、さらに過激なジャン・カルバンの猛攻に対し、バチカンも対抗宗教改革を起こします。イグナチウス・ロヨラを首領とする七人の大幹部がイエズス会を結成し、世界中に布教することを決意しました。その大幹部の一人が、フランシスコ・ザビエルです。

なんだか、特撮番組に登場する世界征服を企む秘密結社が、大首領の命令で幹部を日本侵略に送り込むような話です。当時は大航海時代ですから、スペインやポルトガルのカトリック国は、宣教師を送り込んで住民を洗脳してから、最後に軍事侵略して植民地にしていきます。こうした流れに日本も巻き込まれそうになりましたが、排除しました。それだけの実力があったのです。

四期にわたった三十年戦争を詳しく見ると……

十七世紀初頭、ヨーロッパでは血で血を洗う宗教戦争が繰り広げられていました。しかも、その迷惑を世界中にまき散らしています。

東から、カトリックのポーランドとプロテスタントのスウェーデンは慢性的に戦争をしています。東方の二大国の抗争に、自動的にデンマークやバルト三国も巻き込まれます。

神聖ローマ帝国、つまりいまのドイツとオーストリアは、北部はプロテスタント、南部はカトリックの勢力が強いのですが、プロテスタントのオランダは帝国に対し、独立戦争を挑んでいます。

フランスは三アンリ戦争といって、国王アンリ三世、カトリック同盟のギーズ公アンリ、プロテスタント派のアンリ（のちのアンリ四世）が、日本とあまり変わらない面積の国土のなかで三国志のような殺し合いを繰り広げています。

ブリテン島でもプロテスタントとカトリックの飽くなき殺し合いが続いていたのは、前章のとおりです。

イスラム教徒を追い出したポルトガルやスペインはヨーロッパのライバルと抗争しつつ、アフリカやアメリカに植民地を増やし、アジアを狙っています。

相手を皆殺しにするまで終わらないのが、宗教戦争です。しかし、勝負がつかない場合に停戦がなされることがあります。

一五五五年、アウクスブルクの和議が結ばれました。カトリックは、ルター派と和睦します。和睦の条件は、「存在を認める」です。これは極めて重要なことで、当時のキリスト教では「異端の罪は異教の罪より重い」です。異端を認めるなど、悪魔を許すことと同じなのです。現代日本人にわかりやすくいえば、犯罪者を逮捕せず野放しにするような感覚です。

宗教戦争においては、敵と犯罪者の区別がないのです。だから、基本的に妥協ができず、殺し合いが果てしなく続きます。

では、妥協した場合、どうなるか？　いうまでもなく、そいつも犯罪者です。

同じプロテスタントでも、カトリックと妥協したルター派を、カルバン派は激しく憎みました。カトリックがイスラム教よりプロテスタントを憎んだように、カルバン派はカトリックよりもルター派を激しく攻撃します。なまじっか、主張が近いほうが近親憎悪で因縁が深くなるのは世の常です。

三派の勢力が均衡したのが、神聖ローマ帝国（ドイツ）です。ルター派は「ウニオン」、カルバン派は「リーグ」を結成し、それぞれ結束します。カトリックに対して共闘などしません。一方のカトリックからしても、両方とも敵です。ルター派と一時休戦しているだけで、先にカルバン派を片付けようとしただけです。カルバン派はカトリックの猛攻に苦しみますが、ルター派は高みの見物です。

そうした状況のなか、ボヘミア王となったカトリックのフェルディナント（のちの神聖ローマ皇帝）がプロテスタントの弾圧を強化します。ボヘミアはフス派が多数なのですが、カトリックからしたらルター派もカルバン派もフス派も、プロテスタントには違いありません。耐えかねた住民が暴動を起こし、皇帝の代官である神父をプラハの王宮の窓から放り投げるという事件を起こしました。プラハ窓外投擲《とうてき》事件です。二〇メートルくらいの高さだったのですが、地面に草が大量に積んであったので奇跡的に助かりました。

しかし、これをきっかけに三十年戦争が始まります。

三十年戦争は、大きく四期に分かれます。

ボヘミア・プファルツ戦争（一六一八〜二三年）
デンマーク戦争（一六二五〜二九年）
スウェーデン戦争（一六三〇〜三五年）
スウェーデン・フランス戦争（一六三五〜四八年）

特徴は、次の戦争までの間隔がだんだん短くなり、戦う期間が長くなっていくことです。

第一期のボヘミア・プファルツ戦争は、カトリックとルター派の殺し合いです。

カトリックの盟主は神聖ローマ皇帝です。皇帝を輩出するオーストリア・ハプスブルク家を、スペイン・ハプスブルク家が植民地から搾取した莫大な富で支えました。これにドイツ国内のカトリックが従います。プロテスタントは劣勢です。ただし、ハプスブルク家の支配からの独立をめざすことに飽き足らず、スペインの覇権にとって代わろうとするカルバン派のオランダが大善戦していました。

第二期は、デンマーク王クリスチャン四世とスウェーデン王グスタフ・アドルフが乱入して混戦となりました。デンマークは神聖ローマ帝国（つまりドイツ）に領地をもっているので、カトリック勢力の伸長を阻止するために介入したのでした。

優勢に進めるカトリックに対し、フランスのリシュリュー枢機卿がプロテスタントの秘密同盟を結成します。デンマーク、スウェーデン、オランダ、イングランドが参加しました。フランスはカトリック国ですから表向きは同盟に参加しませんが、リシュリューは「金だけ出して血は流さない」介入を試みます。

フランスとハプスブルク家は宿敵です。バチカンはハプスブルク家に協力して参戦するよう願いますが、リシュリューは無視です。

帝国軍は傭兵隊長のヴァレンシュタインの奮戦で、戦いを優位に進めます。クリスチャン四世は和睦にこぎつけるのが精一杯でした。

　こうした形勢に、イングランド議会が国王の方針に反して裏切ります。これに怒ったリシュリューは自ら戦場に赴き、イングランド海軍を叩きのめします。

　第三期は、スウェーデンが前面に出てきます。グスタフ・アドルフとヴァレンシュタインの戦いは戦史に残る名勝負となりました。スウェーデン軍がヴァレンシュタイン率いる帝国軍を敗走させながらも、総大将のグスタフ・アドルフは戦死してしまったという激戦でした。

　しかし、傲慢な性格のヴァレンシュタインは、自らへの反感を醸成させていきます。それだけでなく、ヴァレンシュタインは力をもちすぎていました。ヴァレンシュタインは皇帝から徴税権と称する掠奪の権利をもらい、私腹を肥やし、余った金で傭兵を集め、軍閥化していました。もはや誰のいうことにも聞く耳をもちませんでした。一六三四年、独断でスウェーデンと講和を結ぼうとしたヴァレンシュタインは、裏切り者として暗殺されてしまいます。

　これを待っていたのがリシュリューです。むしろ、積極的に陰謀を企んでいました。スパイを使い、ヴァレンシュタインへの反感を醸成していきます。こうした手口を、「影響力工作」といいます。もちろん、リシュリューが何をしようが、帝国が乗せられなければ、どうにもなりません。ちょうど、昭和の日本に、スターリンやそのスパイ機関であるコミンテルンが何をしようが、日本が正気であるうちは何も成果が挙がらなかったのと同じです。しかし、昭和の日本がいつの間にかスターリンが喜ぶような国策ばかり選ぶようになったのと同様、神聖ローマ帝国もリシュリューに転がされていたのです。付け込まれる隙があったということです。

一六三五年、リシュリューはスウェーデンを中心としたプロテスタント側に立って参戦しました。これが、第四期です。

ここに三十年戦争は宗教戦争ではなくなりました。リシュリューの私利私欲によって。リシュリューは嘯《うそぶ》きます。「世の利益の第一は国王、第二は国家」と。国家理性です。リシュリューはひたすらブルボン王家とフランスの利益を追求し、あらゆる陰謀を企み続け、成就させました。

一六四二年に亡くなりますが、その仕事は弟子のマザランが継ぎます。

一六四二年、帝国のウェストファリアに講和会議が招集されました。会議の最中も戦闘は続きます。フランス・スウェーデン連合軍は、帝国首都のウィーンを窺う勢いです。戦争において、最も死者が出るのは、終了間際です。

悲惨なのは三十年戦争から離脱したはずのイングランドで、カルバン派のクロムウェルが革命を起こしました。ここからイングランドは王党派と革命派に分かれて殺し合いが続き、ついには国王チャールズ一世が断頭台に送られてしまいました。

ウェストファリア条約の何が画期的なのか

一六四八年、講和は成ります。ヨーロッパのほとんどすべての国が参加した会議です。参加しなかったのは、革命真っ最中のイングランドだけです。

インターネットフリー百科事典「ウィキペディア」の「ヴェストファーレン条約」の項目には、オスマン帝国とロシアも参加しなかったとありますが、誤りです。当時、オスマン・トルコはヨーロッパの国と見なされていません。イスラム教国であり、そもそもヨーロッパが束になってかかってもかなわない大帝国です。別枠です。「ロシア」とあるのはお笑い種で、そんな国は存在しません。

モスクワ帝国がロシア帝国を名乗るのは一七二一年です。同様に、イギリスもドイツもイタリアも存在しません。「インターネットフリー百科事典」と聞くとマトモな代物を思い浮かべますが、玄人だろうが素人だろうが誰でも書き込めるのですから、信憑性はこんなものです。実態は「情報集積所」です。ドイツ語ではウェストファリアはヴェストファーレンだということを調べるくらいにはよいのですが。

さて、ウェストファリア条約は多くのことを取り決め、重要な意義をもちます。いまに至るまで「ウェストファリア体制」と呼ばれています。そのなかで最も重要な三つを挙げます。

一、主権国家の宗教勢力からの独立
二、主権国家の神聖ローマ帝国からの独立
三、主権国家の対等

要するに、大国も小国も関係なく、あらゆる国は対等だという原則です。バチカンはウェストファリア条約の無効を宣言しましたが、誰も聞きません。みんな、宗教戦争に疲れ果てていたのです。ドイツ地方では、一八〇〇万人の人口が一〇〇〇万人に減りました。推定死亡率二五パーセントなどといわれています。これより多いとも少ないとも諸説ありますが、果てしない殺し合いで大惨禍となったことだけは間違いありません。

宗教を理由に殺し合いが止まらない宗教戦争は終わりました。それまでは、「心のなかで自分と違うことを考えている者は、殺さなければならない」でした。魔女狩りなど、典型です。それが「殺さなくてよい」になりました。まだまだ「殺してはならない」という価値観にヨーロッパ人がたどり着くのに数百年かかります。

しかし画期的な進歩でした。ヨーロッパ人が千三百年遅れで、聖徳太子に追いついたのです。

そもそも、我が国には十字軍や魔女狩り、三アンリ戦争や三十年戦争のような、悲惨な宗教紛争はありませんでした。あらゆる寺社は朝廷に従っています。石山本願寺が戦国時代に暴れ回ったといっても、はなっから勅願寺になって喜んでいるのです。つまり天皇の権威に従って喜んでいる。ローマ教皇自身が当事者となっているヨーロッパとは、まるで事情が違います。日本では天皇がアンパイアで、ヨーロッパでは教皇はプレーヤーなのです。

中華帝国に対しても聖徳太子は対等を主張し、認めさせました。「いかなる国も対等」も聖徳太子がやったことです。ウェストファリア条約は、「人を殺してはならない」が人類の多数派になっていく画期的な条約なのです。

三十年戦争に比べれば戦国時代は平和そのもの

日本の戦国時代は平和な時代だ。そう聞くとびっくりされるでしょうか。

日本史で最も激しい動乱期は、観応の擾乱を中心とした南北朝初期です。鎌倉幕府滅亡直前からの三十年ほど、一三三一〜六三年くらいは、日本列島を横断する大戦争が続発しています。日本史のなかでも、集まった軍勢と移動距離が桁違いです。しかし、それでもユーラシア大陸の動乱に比べれば、子供の遊びです。もっとも、中国史に放り込めば、三十年戦争も子供の遊びにすらなりませんが……。

戦国時代は、末期の豊臣秀吉の統一戦争はいざ知らず、一〇万の軍勢が動員されることなど稀です。基本的に小競り合いしかありません。

そもそも戦国時代とは、どういう時代か。

一四九三年、明応の政変により、細川政元の専制政治が確立されます。細川本家が京兆《けいちょう》家の別名があるので、「京兆専制」と称されます。しかし、その政元がお家騒動で暗殺されてからは、細川家は三分裂。細川家の家老の三好家が、主家の京兆家どころか将軍家をもしのぐ権勢を振るいます。と思ったら、その三好家も分裂。中央がこれでは、地方に統治が及ぶはずがありません。これが戦国時代です。

戦国時代は、小氷河期と呼ばれ、慢性的な不作が続きます。要するに、食糧不足なのです。そこで生きるために近隣と争って食糧を奪い合う時代なのです。

戦といっても、死なないようにやっているとしか、いいようがありません。典型的な戦を挙げましょう。まず、何か揉め事が起きます。だいたい食べ物が足りないとか、うちの田んぼに勝手に入ったとか、そういう理由です。すると原っぱに両軍が行き、ほとんどの場合、川を挟んで睨み合います。睨み合ったら、次に、悪口を言い合います。下手をすれば、この時点で両軍が引き揚げることもあります。では決着をつけるか、となったら、弓とか鉄砲とか、まず飛び道具を撃ち合います。ひと通り撃ち合ったところで引き揚げるのです。これが最も一般的な戦国時代の戦です。とくに東北は、死人の出ない戦いばかりです。揉め事があったらお相撲をやって仲直りしようみたいな気風があります。

鈴木眞哉『謎とき日本合戦史 日本人はどう戦ってきたか』（講談社現代新書、二〇〇一年）には、そんな楽しい歴史的事実が満載です。同著によれば、飛び道具ばかりを使う戦いが日本の戦の主流でした。刀が出てくるのは追撃戦になってからです。三十年戦争などと比べると、戦国時代などは平和そのものだということがおわかりでしょうか。

日本がプロテスタントのオランダを許した理由

織田信長、豊臣秀吉、徳川家康の三英傑により、戦国動乱は収拾しました。

一六〇〇年、関ヶ原の戦いで天下の大勢は徳川家に傾き、一六〇三年、家康は江戸幕府を開きます。

一六〇〇年は、シェークスピアが『ヴェニスの商人』『真夏の夜の夢』など名作中の名作を出版した年です。イングランドが、東インド会社を創立した年でもあります。

一六〇三年は、エリザベス女王が死去した年です。ここからイングランドが地獄の内乱に突入するのは、すでに記しました。三十年戦争にかかわれないほど、革命で国が割れてしまいます。

それと比べれば日本は平和なものですが、それは自分で勝ち取った平和です。とくに、大坂の陣と島原の乱の処理を誤れば、日本はどうなったかわかりません。

豊臣秀吉の死後、徳川家康は天下人の地位を奪いました。これに不満な人々は、豊臣家に結集します。やがて対立は止められなくなり、戦になりました。一六一四年、大坂冬の陣です。戦いはいったん休戦しますが、翌年の夏の陣で家康は豊臣氏を完全に滅ぼしてしまいました。

このとき、一〇万人に及ぶ浪人が大坂城に立て籠りましたが、かなりの数の切支丹《キリシタン》（カトリック）がいたと推測されます。真田幸村《さなだゆきむら》とともに戦った明石全登《あかしてるずみ》は、敬虔なカトリックです。

当時、江戸幕府はカトリックのスペインやポルトガルとも交易していましたが、前年にはカトリックの布教を禁止しています。どちらかといえば、プロテスタントのオランダやイングランドに傾斜していました。

三代将軍家光は、三十年戦争と同時代の将軍です。

一六二三年、アンボイナ事件でオランダと抗争して敗れたイングランドは、すごすごと日本から引き揚げていきました。小国の悲しい運命です。イングランドが日本に来なくなったのは勝手ですが、幕府はオランダに傾斜していきます。

なぜなら、ポルトガルやスペインの布教は迷惑極まりなかったからです。そもそも、カトリックは排他的で、仏教や神道など他の宗教との軋轢《あつれき》が絶えません。大名たちのなかには土地を寄進する者まで現れます。また、日本人を奴隷として売り飛ばす者まで出ました。

一六二四年、幕府はスペインの来航を禁止しています。

一六三七年の島原の乱で、幕府の怒りが決定的となりました。当初はたんなる農民反乱だったのですが、いつの間にかカトリック浪人が大量に城に立て籠り、激しく抵抗しています。幕府はオランダに艦砲射撃を要請までしています。さすがに、内乱の鎮圧に外国の力を借りるのはみっともないということで、とりやめになりましたが。

オランダもオランダで、日本にスペイン領フィリピンやポルトガル領マカオへの遠征をけしかけたりしています。当然、断りましたが。

乱の終結後、一六三九年にはポルトガル船の来航を禁止しました。一六四七年、ポルトガル船が交易再開を求めて来航していますが、拒否しています。さらに一六七三年、イングランドも来航して通商再開を願いますが、拒否します。王妃がポルトガル人でカトリックだから、というのが理由です。

日本のカトリック排除は徹底していました。

ところで、なぜプロテスタントのオランダは許したのか。プロテスタント、しかもカルバン派の教義では、天国に行く者と地獄に行く者は、天地開闢のとき以来、神様が決めています。人間が布教したところで変わらないし、有色人種の日本人が天国に行くように神様が創るはずがないと見なしていたからです。

動機はさておき、日本は三十年戦争でプロテスタント側についた格好になりました。いうなれば、オランダ寄りの「武装中立」です。

そのオランダも長崎の出島に閉じ込めました。オランダは他のヨーロッパの国から、「国立監獄に押し込まれている」とあざけられました。しかし、その他の国は、その「国立監獄」にすら入れてもらえませんでした。

三十年戦争で日本はかじ取りを間違えませんでしたし、交戦当事国双方に自分の意思を押しつける力があったから、戦争に巻き込まれなかったのです。
中立とは、「戦っている双方の敵」の意味です。強い者だけに許される特権です。これは現在の国際法でも同じです。戦国末期から江戸初期の日本人は、わかっていたのです。

引用参考文献
鈴木眞哉『謎とき日本合戦史　日本人はどう戦ってきたか』（講談社現代新書、二〇〇一年）

❖十七世紀—三十年戦争と鎖国

西暦年	鎖国	西暦年	三十年戦争
1546		1546	シュマルカルデン戦争。神聖ローマ皇帝カール五世 vs ルター派諸侯のシュマルカルデン同盟
1555		1555	アウクスブルク宗教平和令、公布。ドイツ・中欧地域におけるルター派（プロテスタント）容認
1576		1576	ルドルフ二世が神聖ローマ帝国の皇帝に即位
1577		1577	ケルン大司教ゲプハルト一世・フォン・ヴァルトブルクがカルバン派に改宗。教皇はアウクスブルク宗教平和令侵犯であるとしてゲプハルトを罷免
1600	関ヶ原の戦い	1600	
1603	徳川家康、江戸幕府を開く	1603	
1604	糸割符制の開始	1604	
1607		1607	バイエルン選帝侯マクシミリアン一世が、ルター派の帝国都市ドナウヴェルトをカトリックに改宗させて併合
1608		1608	ルター派諸侯がプファルツ選帝侯フリードリッヒ四世を盟主として新教同盟（ウニオン）を結成
1609	オランダの平戸貿易開始	1609	ユーリヒ＝クレーフェ＝ベルク公ヨハン・ウィルヘルムが死去し、公国の継承問題が起こる。周辺大国が介入 バイエルン選帝侯マクシミリアン一世を盟主とするカトリック連盟（リーグ）結成
1610	家康、メキシコに通商を求め、京都の貿易商人・田中勝介を派遣	1610	プロテスタント同盟とカトリック連盟が講和
1612	秀忠、幕府の直轄地と直属の家臣に対してキリスト教の信仰を禁じる	1612	ルドルフ二世が死去。弟のマティアスが神聖ローマ帝国の皇帝に即位
1613	伊達正宗、支倉常長を欧州に派遣。禁教令、全国幕領に	1613	
1614	大坂冬の陣	1614	クサンテン条約。ライン川下流域のユーリヒ＝クレーベ＝ベルク公国の継承争いを解決した分割協定。ブランデンブルクがクレーベ＝マルクを、プファルツ＝ノイブルク公がユーリヒ＝ベルクを分割相続
1615	大坂夏の陣。豊臣氏滅亡	1615	
1616	明朝以外の船の入港を長崎・平戸に限定	1616	
1617		1617	フェルディナントがボヘミアの新王に。カトリック・プロテスタント両派の対立が激化
1618		1618	プラハ窓外投擲事件 ボヘミア・プファルツ戦争（1618～23年）
1619	フランス人カロン（オランダ東インド会社雇用）来日。1641年まで滞日	1619	マティアス、死亡 フェルディナントが、フェルディナント二世として神聖ローマ帝国の皇帝に即位 ボヘミアの貴族、新皇帝を認めず、プロテスタント同盟のプファルツ選帝侯フリードリッヒ五世を新国王に
1620	平山常陳事件。台湾近海でイギリスおよびオランダの船隊が朱印船を拿捕。キリシタン不信、元和の大殉教へ	1620	白山の戦い。ハプスブルク軍勢力 vs ボヘミアのプロテスタント貴族。ボヘミア軍敗退
1621		1621	スピノラが率いるスペイン軍がプファルツを占領 戦況悪化でプロテスタント同盟が解消 カトリック連盟軍、オーバープファルツを占領 スウェーデン、リヴォニアを征服してリガ港を獲得。プロイセン公国からメーメルとピラウを奪う

西暦年	鎖国	西暦年	三十年戦争
1622	オランダ、台湾に商館と要塞（ゼーランディア城）をつくる 元和の大殉教。長崎の西坂でカトリック教徒55名が火刑と斬首によって処刑	1622	カトリック連盟軍、スペインと合流。グラーツが攻略され、ボヘミア王の領域は完全に鎮圧
1623	アンボイナ事件 イギリス、業績不振のため平戸商館を閉鎖	1623	バイエルン公マクシミリアン一世、選帝侯位を獲得
1624	朝鮮第三回回答兼刷還使、来る スペインとの国交を断絶、来航を禁止	1624	フランスのリシュリュー、反ハプスブルク同盟であるハーグ同盟を結成
1625		1625	デンマーク戦争（1625～29年） スウェーデンはハーグ同盟の支援を受け、ニーダーザクセンに進軍。皇帝軍、ボヘミアの傭兵隊長ヴァレンシュタインを皇帝軍総司令官に登用 イングランド王チャールズ一世側近のバッキンガム公ヴィリアーズが、スペインのカディスに艦隊を派遣
1626	スペイン人が社寮島（現在の和平島）南西部に西洋式砦「サン・サルバドル城」を築城	1626	デンマーク参戦しイングランドの支援を受けるもデッサウの戦いで敗退 ルッターの戦いで傭兵隊長・ティリー率いる皇帝軍はデンマーク軍に勝利。ホルシュタインまで追撃し、ボヘミアの傭兵隊長・ヴァレンシュタインもユトランド半島まで追撃
1627	ポルトガル艦隊を破る	1627	新領法条例でボヘミアはハプスブルク家の属領に。多くのボヘミア貴族やプロテスタントがヨーロッパ各地に亡命 イングランド、フランスに宣戦布告。ラ・ロシェル包囲戦で敗北
1628	タイオワン事件（長崎代官・末次平蔵所有の朱印船とオランダ商館の台湾での衝突事件）の影響で、オランダとの交易が4年間途絶える スペイン艦隊、暹羅（シャム）で朱印船を捕獲。マカオ貿易停止を措置する	1628	ボヘミアの傭兵隊長・ヴァレンシュタインがシュトラルズント港（ドイツ北部）を包囲。スウェーデン介入、軍が派遣される ヴォルガストの戦いで、デンマーク軍敗退 バッキンガム公が暗殺され、チャールズ一世は1629年にフランス、1630年にスペインと和睦して戦争から撤退
1629	バタビアからオランダ使節、台湾問題解決のため来日。幕府は無視 長崎入港のマカオ船を抑留 暹羅国使来日、山田長政の親書と土産を持参	1629	リューベックの和約。神聖ローマ皇帝とデンマークとの和平条約 神聖ローマ皇帝フェルディナント二世、復旧勅令発令。1552年以降プロテスタント諸侯に没収された教会領地をカトリック側に返還することを命令 アルトマルクの休戦条約（スウェーデンとポーランド）。リヴォニアとプロシア諸港がスウェーデンのものに
1630	暹羅で山田長政が暗殺される。日本人数千人が暹羅から追放 長崎代官末次平蔵（タイオワン事件）牢死 家光、天地丸（将軍御座船）で水軍視察 ポルトガルのシルベイラ艦隊が長崎入港。ポルトガルの抑留船は解放。シルベイラ艦隊、4年滞港 島原の松倉重政と長崎奉行・竹内釆女正、マニラ遠征を計画。2隻を派遣直後に重政が突然死	1630	レーゲンスブルク選帝侯会議でカトリック選帝侯バイエルン公が、復旧勅令はハプスブルク家によって利用されていると批判 マクデブルクの戦い（神聖ローマ帝国軍によるルター派のハンザ同盟都市マクデブルクの包囲戦および戦闘終了後の略奪）開始 スウェーデン戦争（1630～35年）
1631	奉書船制度の開始。朱印船に朱印状以外に老中の奉書が必要となる 支那船にも糸割符適用 暹羅より使節。幕府は無視	1631	ベールヴァルデ条約。スウェーデン王グスタフ・アドルフがフランスと同盟するも、マクデブルク、陥落 ブライテンフェルトの戦い。スウェーデン軍の勝利
1632	秀忠死去。三代目・家光。安宅丸を建造。六人衆・大目付を置く	1632	レヒ川の戦い。スウェーデン軍、皇帝派のバイエルン軍に圧勝。総司令官・ティリー伯戦死 リュッツェンの戦い。スウェーデン王グスタフ・アドルフ戦死。スウェーデン軍は傭兵隊長ベルンハルト・フォン・ザクセン＝ヴァイマルが指揮を引き継ぎ、結局皇帝軍、敗北

1634	「第一次鎖国令」。奉書船以外の渡航を禁じる 海外に5年以上居留する日本人の帰国を禁じる オランダと通商再開。オランダ商館長の江戸参府定例化 「第二次鎖国令」。第一次鎖国令の再通達。長崎に出島の建設を開始 安南で武器密輸・日本人切支丹密航あったことを問題視、交趾向（ベトナム）茶屋やカンボジアの二代目三浦按針が奉書船出帆を見合わせる
1635	オランダが、マカオ攻撃を進言するも幕府は拒否 柳川一件を家光が裁断 「第三次鎖国令」。中国・オランダなど外国船の入港を長崎のみに限定。東南アジア方面への日本人の渡航および日本人の帰国を禁じる
1636	長崎の出島、完成 「第四次鎖国令」。貿易に関係のないポルトガル人とその妻子（日本人との混血児含む）287人をマカオへ追放、残ったポルトガル人は出島に
1637	島原の乱、起こる（1638年まで）。幕府、武器弾薬の援助をオランダに要請
1638	
1639	「第五次鎖国令」。ポルトガル船の来港を禁止
1640	マカオから通商再開依頼のためポルトガル船が来航。徳川幕府は使者61名を処刑
1641	オランダ商館を平戸から出島に移す
1642	
1643	ブレスケンス号事件。オランダ船ブレスケンス号の乗組員が盛岡藩領に上陸し、捕縛された事件。オランダ船は日本国内どこに入港してもよいとの徳川家康の朱印状が否定される
1644	明が滅亡。清が李自成の軍を撃破し、中国本土に進出。明再興をめざす勢力が日本に支援を求めるが、徳川幕府は拒絶
1645	

	西ドイツの帝国クライス、クーアライン、オーバーライン、シュヴァーベン、フランケンとのあいだにハイルブロン同盟を締結。フランスのリシュリュー、同盟参加
1634	ボヘミアの傭兵隊長・ヴァレンシュタイン、独断でスウェーデンと和平したなどの理由から皇帝派によって暗殺 皇帝フェルディナント二世は嫡男のフェルディナント大公を総司令官に任命。ネルトリンゲンの戦いでスウェーデン・プロテスタント諸侯軍を撃破
1635	プラハ条約。復旧令の撤回と引き換えに諸侯と和解を図る。スウェーデン・フランス戦争（1635〜48年）。フランスがスペインに宣戦
1636	ヴィットストックの戦い。スウェーデン軍が皇帝軍撃退し、ドイツへ侵攻
1637	第四次ブレダの戦い。ネーデルラントでオランダがスペインを破り、ブレダの要塞が陥落 神聖ローマ皇帝フェルディナント二世が死去
1638	フランスが神聖ローマ皇帝に宣戦 ラインフェルデンの戦い。傭兵隊長・ベルンハルト率いるフランス軍がアルザスを占領、ザクセン軍、皇帝軍を撃破してスペイン回廊を寸断
1639	スウェーデン軍、ケムニッツの戦いでザクセン軍を破りボヘミアに侵攻するも撃退される 傭兵隊長・ベルンハルト、急死
1640	フランス軍、スウェーデン軍、ブランデンブルク選帝侯軍、エアフルトで邂逅 ポルトガル王国がスペインから独立 ブランデンブルク選帝侯ヴィルヘルムがスウェーデンと休戦条約
1641	バイエルン公、レーゲンスブルク帝国議会で皇帝フェルディナント三世と諸侯にフランスとスウェーデンとの交渉を委任。講和会議が決定されたが議事は進まず
1642	ブライテンフェルトの戦い。スウェーデン軍が皇帝軍を撃破 ウェストファリアで講和会議 イギリスで清教徒革命 フランス宰相リシュリュー死去
1643	フランス王ルイ十三世死去 ロクロワの戦い。フランス王族のアンギャン公ルイ・ド・ブルボン（のちのコンデ公ルイ二世）がスペインを殲滅 スウェーデンがユランに侵攻。オランダ海軍を味方につけ、スウェーデン・オランダ連合艦隊がデンマーク艦隊も制圧
1644	フライブルクの戦い。フランス軍がバイエルン軍を撃破 オスナブリュック、ミュンスターで和平会議
1645	ヤンカウの戦い。スウェーデン軍、皇帝軍を撃破（フェルディナントの逃亡） 第二次ネルトリンゲンの戦い。フランス軍がバイエルン軍を撃破 ブレムセブルー講和条約。デンマークはノルウェーの一部やゴットランド島を割譲、バルト海の覇権はスウェーデンに ザクセン選帝侯ヨハン・ゲオルク一世、スウェーデンと休戦条約

西暦年	鎖国
1646	
1647	ポルトガル船2隻、国交回復依頼に来航するが、徳川幕府は再び拒否。以後、ポルトガル船の来航は絶える
1648	
1659	平戸オランダ商館長ワーヘナール、ドドネウス著『草木誌』を献上
1663	平戸オランダ商館長インダイク、ヨンストン著『動物図説』を献上
1673	リターン号事件。イギリスの商船が日本で売るための羊毛を積み、江戸幕府に貿易再開を求めたが、幕府は上陸を拒絶。以降100年以上、オランダ以外のヨーロッパ船の来航が途絶える

西暦年	三十年戦争
1646	スウェーデンが、バイエルンに再度侵攻。フランス、これを越権行為としてテュレンヌ将軍を派遣
1647	バイエルン選帝侯マクシミリアン一世が屈服 バイエルン軍の将軍ヨハン・フォン・ヴェルトが反乱を起こして皇帝軍に合流、皇帝軍復活
1648	ツスマルシャウゼンの戦い。皇帝・バイエルン連合軍、スウェーデン・フランス連合軍との戦闘に臨んで大敗 ランスの戦い。フランス軍、スペイン軍を撃破 スウェーデン軍、プラハを包囲。帝都ウィーンを睨む ウェストファリア条約が成り、三十年戦争が終結
1659	
1663	
1673	

第12章▼ 十八世紀――七年戦争と天下泰平の日本

そして日本はノンキな国でいられなくなった

世界史教科書風の年表が、いかに罪深いか

日本の歴史に鑑《かんが》みると、白人がやってきたことはつくづく傲慢です。と書くと反発を覚える人もいるかと思いますので、世界史教科書風に事実だけを並べてみます。

一四九二年　コロンブス、アメリカ大陸を発見。
一四九三年　ローマ教皇アレクサンドル六世、新大陸における紛争を解決すべく教皇子午線を設定。
一四九四年　トルデシリャス条約。教皇子午線に従い、東をポルトガル、西をスペインの勢力圏と決める。

気の利いた先生なら、「ポルトガルはアフリカに、スペインはアメリカ大陸に植民地をつくっていった」と解説してくれるでしょう。生真面目な生徒は、解説ごと丸暗記します。

かくして、自虐的な子供の出来上がりです。

なぜでしょうか。とくに日本を貶《おとし》めるような記述はありません。だから問題なのです。世の中、何が書いてあるかよりも何が書いていないかのほうが大事なのですから。人を騙すときには、嘘をつくよりも、大事なことを隠して教えないほうが、より効果的なのですから。

世界史教科書風の年表に、その道の研究者ならば誰でも知っている事実を足してみましょう。

一四九二年　海賊にして奴隷商人のクリストファー・コロンブス、キューバに到達。住民を大虐殺し、掠奪の限りを尽くす。本人は現地を死ぬまでインドだと信じていたが、アメリカ大陸を「発見」したとの功績で讃えられる。

一四九三年　ローマ教皇アレクサンドル六世、地図上に線を引き、「東はポルトガル、西はスペイン」と植民地獲得競争の縄張りを決める。当然、現地人の許可などとるはずがない。

一四九四年　トルデシリャス条約。教皇子午線の確認。地球は丸いので、日本（の明石市）が子午線の境界となる。ポルトガルもスペインも日本を植民地にすることなどできず、最後は追い返される。

世界史教科書風の年表が、いかに罪深いかおわかりでしょうか。さも客観的に事実を伝えているかのようで、真実を何も伝えていないのです。
大航海時代と称するヨーロッパ諸国の植民地獲得競争など、侵略以外の何ものでもないこと、そんな白人を日本は戦うまでもなく追い返したこと。こうした事実を抜きに、何の「世界史」を語るのでしょうか。

近代史における「日本の悪行」を並べている日本史教科書の嘘など、少し賢い受験生なら疑問に思うはずです。最近はインターネットの普及で、気になった用語を自分で気軽に調べることができます。教科書に書かれていることであっても、インターネットの検索結果には「捏造」の二文字がずらりと並びます。

しかし一方、「一四九二年　コロンブス、アメリカ大陸を発見」と書いてあるだけで、疑問に思う高校生などいるはずがありません。大人だって知識がなければ、「あ、そうなの？」で終わりでしょう。日本の歴史と関係があるように思えませんし。

これが罪深い。

本書も、いよいよ最終章。ここまでお読みの方は、日本と世界の歴史を並べて学べば、日本人がいかにノンキでいられたかが、おわかりになられたと思います。しかし、いざというときにはチャンとしていたから、ノンキでいられたのです。

元寇のときは北条時宗という卓越した指導者が現れましたし、ポルトガルやスペインが日本を植民地にしようとしても、江戸幕府は追い返して終了です。

では、なぜ日本はノンキな国でいられなくなったのか。

その秘密を解き明かしていきましょう。

鎖国のとき、日本は世界一の陸軍強国だった

一六三九年、いわゆる鎖国が完成しました。交易のある外国は清とオランダだけです。その両国も、一六四一年には長崎の出島に閉じ込めました。出島の外には一歩も出しません。朝鮮は琉球やアイヌと同様、国として扱っていませんでした。当時の日本はそれができるほど強い国でした。

一五四三年、ポルトガル人が火縄銃を伝えてから、五十年。世界の鉄砲の生産量の過半数を日本が占めるほどになりました。間違いなく世界一の陸軍強国です。ノンキだけど強い。極めて単純ですが、国全体がノンキでいられた理由でした。

ちなみに、海軍力（というより水軍力）はそれほどでもありません。戦国合戦が陸戦主体だったこともあり、水軍はあまり発達しませんでした。ポルトガルやスペインのように地球を一周するような艦艇を日本人はつくりませんでしたし、そもそも必要としていませんでした。島原の乱でオランダ船に原城を攻撃させたのも、日本の攻城砲と造船技術が西洋のそれに比べて劣っていたからです。使えるものは使おう、これが当時の発想でした。

ついでにいうと、日本では要塞も発達しませんでした。先に見たコンスタンティノープルやウィーンなどは都市そのものが要塞で、百年でも二百年でももちこたえるべく構築されています。現に、コンスタンティノープルは、ビザンチン帝国が周辺の領土のほとんどすべてを奪われても、もちこたえました。それだけ頑丈な造りだったのです。これまた日本には必要のない技術でした。

ユーラシア大陸の戦いは、負けたら軍人は皆殺し。女は犯され、男は奴隷として売り飛ばされる。掠奪にもルールがあり、勝った側は三日間何をしてもよい。負けた側も略奪品を隠してはいけない。女も差し出さねばならないとか。これが国際法の原型だそうです。このあたり、日本人には何をいっているのかわからないと思いますが、詳しく知りたい方は、山内進『掠奪の法観念史』（東京大学出版会、一九九三年）をお勧めします。

日本の戦にも掠奪はあります。軍事行動として焼き払いをやります。敵の領主に民を守る当事者能力がないことを示すため、敵の土地を文字どおり、焼き払うのです。軍事侵攻した場合は、農民が育てた食糧を徴発、ときに奪いますし、戦いの展開が一方的になったときに殺人や強姦がゼロのはずもありません。敵の領民を拉致して奴隷として売り飛ばすこともあります。ついでにいうと、領民の側も一方的な被害者ではなく、落ち武者狩りのように負けた側の武将に対し、武器をもって襲いかかり、武具を戦利品として奪います。

しかし、その程度です。

基本的に日本の戦国時代の戦は、食糧の奪い合いです。隣国を併合する場合は、自分の領地の生産力が限界に達したときです。ということは、戦に勝てば統治しなければならないのです。無体な所業を行なえば、あとで恨みを買います。だから日本の戦では、度を越えた残虐行為や快楽殺人は皆無なのです。

話を戻すと、とにもかくにも江戸幕府は大航海時代や三十年戦争のような野蛮な「世界史」に巻き込まれるのを拒否しました。その後、天下泰平を謳歌します。

五代将軍徳川綱吉《つなよし》のころには、元禄文化といわれる経済と文化が発展し、軍事のことなど考えなくてもよい時代が到来しました。日本史教科書では、綱吉が贅沢をして財政が逼迫《ひっぱく》したので、八代将軍吉宗が享保《きょうほう》の改革を行なったと解説しています。

その後の江戸時代のパターンは簡単です。綱吉（放漫）↓新井白石《はくせき》（緊縮）↓吉宗（緊縮のち放漫）↓田沼意次《おきつぐ》（放漫）↓松平定信の寛政の改革（緊縮）↓徳川家斉《いえなり》の大御所時代（放漫）↓水野忠邦の天保《てんぽう》の改革（緊縮）と、「放漫財政を享保・寛政・天保の三大改革で引き締めた」式の解説が幅を利かせていますが、日本史教科書で「放漫財政」と糾弾される時期こそ、経済成長して民が豊かになっている時期なのです。三大改革など、途中から経済成長路線に切り替えた徳川吉宗を別とすれば、他の二つは短期間で挫折しているのです。

本章で扱うのは、享保の改革と田沼意次のあいだの時期です。その間、日本人が気づかなかっただけで、日本の運命を変える出来事がありました。

日本の運命を決定づけた七年戦争の真実

一六九九年、栄華を誇ったオスマン・トルコ帝国にも没落の日が来ます。第二次ウィーン包囲が失敗したのみならず、ヨーロッパ諸国と結んだカルロビッツ条約でハンガリーを割譲しました。以後のトルコは劣勢覆い難く、新興のロシア帝国に多くの領土を削られていく弱小国に落ちぶれました。

モスクワ帝国は一七〇〇年からの大北方戦争でスウェーデンに勝ち、大国にのし上がりました。一七二一年、ピョートル一世は戦勝記念にロシア帝国の建国を宣言し、自ら初代皇帝になりました。かつての東欧の大国、スウェーデン・デンマーク・ポーランドがロシアの勢いに勝てなくなるのは、十八世紀のことです。

同じころ、一七〇一年からはスペイン継承戦争が勃発していました。リシュリューとマザランのおかげでフランスは西欧の大国にのし上がっていましたが、継いで親政を行なっていたルイ十四世は、戦争が下手の横好きでした。スペイン・ハプスブルク家が絶えたのをいいことにブルボン家がスペインを継ぐようにしたまではよいのですが、まともな根回しをしていなかったので、ヨーロッパ中を敵に回し戦いました。

一七一四年まで続いたこの戦争の最中に、二つの大国が誕生します。プロイセンとイギリスです。

一七〇一年、プロイセンは皇帝と取引し、対仏大同盟に立って参戦する見返りに、国王の座をもらいました。それまでは神聖ローマ帝国の一貴族にすぎなかったのが、他の貴族から抜け出す国王となったのです。

一七〇七年、イングランドはスコットランドを正式に併合します。それまでもイングランド王がスコットランド王を兼ねていたのですが、国は別々です。しかし、今度は正式に一つの国になりました。いまの日本人が想像するイギリスの誕生です。

十八世紀のヨーロッパの戦争は、別名「第二次英仏百年戦争」と呼ばれます。スペイン継承戦争、オーストリア継承戦争、七年戦争、アメリカ独立戦争、ナポレオン戦争の五つの戦争の総称です。この戦いでイギリスがフランスに明確に負けたのはアメリカ独立戦争の一回だけで、最終的にはナポレオン戦争に勝利したことで、イギリスは世界に冠たる大英帝国として覇を唱えることとなります。

つまり、十八世紀の初頭にヨーロッパの五大国が出揃っているのです。すなわち、イギリス・フランス・ロシア・オーストリア（神聖ローマ帝国）・プロイセンです。

十九世紀以降の近代日本は西洋列強に振り回されますが、じつは十八世紀のヨーロッパで日本の運命が決まっていたのです。

そして、日本の運命を決めた戦争が、七年戦争です。植民地での戦いはとくに「フレンチインディアン戦争」とも呼びますが、それも含めて七年戦争と呼びます。

この戦争に関しては、『嘘だらけの日英近現代史』でイギリス目線から、『～日独』でプロイセンとオーストリア、『〜日露』でロシア、『〜日仏』でフランスから描きましたので、読み比べてみてください。この世に完全な客観など、ありません。だから客観的な真実など、嘘です。あるのはいろいろな立場から極力主観を排し、事実を可能なかぎり再現する努力だけです。

では、日本人の立場で七年戦争を語る際、どの立場を知るべきでしょうか。最も影響が大きかった、イギリス目線の七年戦争をご紹介します。

英仏の一連の戦争にはパターンがありました。海軍が海外植民地での戦闘で勝ち、奪った植民地を返還することで、ヨーロッパの問題での外交交渉で譲歩を勝ち取る、というものでした。

これに異を唱えたのが、ウィリアム・ピットです。ナポレオン戦争を勝利に導いた同名の息子が小ピットと呼ばれるのに対し、大ピットです。大ピットは従来のイギリスの国策を大転換し、海洋重視に切り替えました。「ヨーロッパで発言権を高めるよりも、世界を征服せよ！」です。

一七四〇年から四八年まで、プロイセンがオーストリアから大工業地帯のシュレジェンを奪い、オーストリア継承戦争で争っていました。講和後も両国の角逐は激化し、復讐に燃えるオーストリアは宿敵のフランスと手を組みます。ハプスブルク家とブルボン家は三百年にわたって抗争していましたから、「外交革命」と評されました。これにロシアも加わり、プロイセンを包囲します。

大ピットはプロイセンに多額の経済援助を与えるものの、陸軍を申し訳程度にしか送らないことに決めました。主力はカナダとインドに送る海軍です。フランスの植民地を奪い、一気に世界征服を成し遂げようとしたのです。

戦いは一進一退でした。とくに、プロイセンは包囲されながらも奮闘し、フリードリッヒ大王は自ら戦場を駆け巡って戦います。二度にわたり首都ベルリンを攻略され、自決を考えたこともありましたが、そのたびに不屈の闘志で耐え抜きました。支えるのは、己が鍛えた軍隊とピットから送られてくる軍資金です。

一七五七年、インドでクライブ将軍がプラッシーの戦いで勝利。一七五九年には、カナダでウルフ将軍がケベックの戦いで勝利しました。植民地でのイギリスの優勢は決定的となりました。

日本が鎖国できなくなった瞬間は一七六二年

我が日本にとって重要なのは、一七六二年です。

フランスと同盟を組むスペインが、いまさら参戦してきました。老大国のスペインなど、イギリス海軍にとっては獲物にすぎません。スペインが世界中にもつ植民地のどこを攻撃してもよい！　イギリス海軍は小躍りしました。そしてスペイン領フィリピンの首都・マニラを攻略します。

この瞬間、日本は鎖国ができなくなっていたのです。その理由を説明する前に、戦争の帰趨だけ述べておきましょう。

一七六二年、ロシアが戦争から離脱するのみならず、事もあろうに昨日までの同盟国であるオーストリアに攻めかかってきました。エリザベータ女帝が崩御したあとに即位したピョートル三世は、敵であるフリードリッヒ大王を崇拝していたのです。「戦争でわかっていることは何が起こるかわからないということだけだ」といわれますが、プロイセンはブランデンブルクの奇跡と喜びました。すでに仏・墺（オーストリア）・露三国は疲弊していましたから、プロイセンを仕留める余力を失いました。

なお、ロシアではクーデターが起きて、ピョートル三世は妻のエカテリーナ二世に廃されました。女帝となったエカテリーナは、オーストリアとの戦争は止めますが、再び同盟に復帰することもありませんでした。

イギリスでも大ピットは新帝ジョージ三世に嫌われ、大臣を罷免されます。大ピットはただの国務大臣でしたが、あまりにも偉そうな態度だったので長らく総理大臣と勘違いされていました。ちなみに総理大臣に面と向かって「いまこの国を救えるのは私だけだ！」と言い切ったほどの信念の持ち主でした。ピットの下野を機に、イギリスでも和平の機運が芽生えます。

かくして一七六三年、パリ条約が結ばれ、七年戦争は終結しました。イギリスは大戦中に奪った北米とインドの植民地の獲得を認めさせました。

七年戦争は、事実上の世界大戦です。それまでの戦争は三十年戦争にしても何にしても、欧州大戦にすぎませんでした。ところが七年戦争は世界中で戦われました。大ピットが、敵国の海外植民地を奪うと宣言し、実行したからです。その一環が、マニラ占領です。

マニラ占領は、わずか六〇〇名の陸戦隊によって行なわれました。この時期のスペインは衰えたりとはいえ、まだまだそれなりの大国であり、軍事強国です。ところが、そのスペインが敗れた。

同時期の日本は、江戸幕府創設以来百五十年、スペインどころではない軍事弱小国に落ちぶれています。仮に、イギリスが日本に侵略の意思をもてば？

一八〇八年、現実になりました。ナポレオン戦争の真っ最中、イギリス船がオランダ船を追いかけて、長崎に乱入しました。日本は何もできません。自分の土地を自分の力で守れないことが、白日のもとにさらされたのです。

しかし、時の十一代将軍徳川家斉は何もしませんでした。鎖国を粗法として墨守《ぼくしゅ》し続けました。はっきりいえば、国防努力を怠ったのです。

マニラ陥落後、日本は世界史に巻き込まれていく

なぜ本書では、七年戦争を隣国のロシアではなくイギリス目線で語ったか、おわかりでしょうか。七年戦争のロシアはヨーロッパの問題に夢中で、アジアのことなど目もくれませんでした。それに対し、イギリスは世界を見ていました。少なくとも大ピットと彼が放ったイギリス海軍は。

一八五三年、イギリスとロシアがクリミア戦争で激突します。その余波で日本は開国しました。隣国のロシアと最初に条約を結べば呑み込まれる。超大国のイギリスと組んだところで助けてもらえるかどうかわからないし、それを理由にロシアに因縁をつけられるかもしれない。そこで、たまたまやってきたアメリカと最初に条約を結びました。では、それで日本の国防がなされたか。

一八六二年、ロシアが対馬に居座りました。江戸幕府は自力で排除できません。イギリスに頼

み込んで圧力をかけてもらいました。このとき、イギリス公使のパークスは対馬を占領しようとしましたが、本国から許可が下りなかったので断念しました。

江戸幕府は、鎖国の前提が崩れているのに眠り続けたから、倒さねばならなかったのです。これこそ、倒幕維新が必要な理由でした。

しばしば「徳川二百五十年の泰平」と称されます。ほんとうは七年戦争以来、百年の平和ボケなのです。

一七六二年、マニラ陥落。このときをもって、日本はノンキな国ではいられなくなり、「世界史」に巻き込まれていくのです。

引用参考文献
山内進『掠奪の法観念史』(東京大学出版会、一九九三年)

❖十八世紀―七年戦争と天下泰平の日本

西暦年	七年戦争
1754	5月、ジュモンヴィルグレンの戦い。バージニア民兵隊指揮官ジョージ・ワシントンが、フランスの巡回兵を待ち伏せ
1755	英仏が和平交渉に失敗。宣戦布告がないまま両国が正規軍と艦隊を投入 モノンガヘラの戦い。イギリス軍将軍北米方面軍最高司令官エドワード・ブラドックの遠征隊が大敗
1756	イギリス、フランスに宣戦布告 ウェストミンスター条約締結 ヴェルサイユ条約。フランス・オーストリア同盟が成立 フリードリッヒ二世、8月29日にザクセンに侵攻し、七年戦争開戦（1756～63年）
1757	イギリス、大ピットをジョージ二世が罷免 イギリス東インド会社とフランス東インド会社が要塞を強化 プラハの戦い、プロイセン軍とオーストリア軍との会戦でプロイセン軍が勝利 コリンの戦い、プロイセン軍がオーストリア軍に敗退 イギリス東インド会社の軍 vs ベンガル太守と後援するフランス東インド会社の連合軍のプラッシーの戦い ロシアが東プロイセン侵入 スウェーデンが参戦 ハノーファーがフランスに降伏 オーストリア騎兵がベルリンを奪取 11月、ロスバッハの戦い。プロイセン軍が、オーストリア・ザクセン・フランス連合軍に勝利
1758	フリードリッヒ二世、モラヴィアに侵攻してオルミュッツを包囲 ドームシュタットルの戦い、オーストリア軍が勝利してプロイセン軍補給部隊を奪取 ロシア軍、東プロイセンに侵攻しほぼ無抵抗で占領 イギリスの大ピットが再任し、戦争方針を対仏優先に切り替え植民地軍強化 英海軍による仏沿岸封鎖で全植民地への補給が困難に クレーフェルトの戦い 南インドにおけるイギリス vs フランスの第三次カーナティック戦争開戦 フランス植民地セネガルをイギリスが強奪し、アフリカまで戦火が及ぶ
1759	カイの戦いで、ロシア軍4万7000がプロイセン軍2万6000に勝利 マクセンの戦いで、オーストリア軍のダウン元帥がプロイセン軍を降伏させる クネルスドルフの戦いで、フリードリッヒ二世自身が軍の半分を失う ラゴスの海戦で、イギリス艦隊がフランスの地中海艦隊を撃破 ケベックの戦いでウルフ将軍のイギリス部隊がフランスを破る キブロン湾の海戦で、フランス艦の多くが沈没、拿捕、座礁 ブランデンブルクの奇跡 ロシア軍とオーストリア軍のあいだで戦後処理をめぐって不協和音

西暦年	七年戦争
1760	ランデスフートの戦いで、プロイセン軍敗北 ヴァールブルクの戦いで、ハノーファー軍がフランス軍に勝利 オーストリア軍がグラーツを包囲、占領 リーグニッツの戦いで、オーストリア軍をフリードリッヒ二世が撃破 ロシア軍とオーストリア軍がプロイセンの首都ベルリンを占領、すぐに撤退 トルガウの戦いで、フリードリッヒ二世、オーストリア軍に勝利 北米フランス最後の拠点モントリオールが陥落 ヴァンディヴァッシュの戦いでイギリスが勝利
1761	プロイセンは残存兵10万弱 オーストリア軍とロシア軍も損耗 ランゲンザルツァの戦いで、プロイセン軍とハノーファー軍がカッセルを包囲 グリューンベルクの戦いで、ブロイ公率いるフランス軍が勝利 フィリングハウゼンの戦いで、フェルディナント軍がフランス軍9万2000を撃破 ロシア軍がコルベルクを占領し、プロイセンはバルト海沿岸にある主要な港をすべて失い、ロシアは海路補給を開始 ポンディシェリが陥落 第三次家族協約 スペインがフランスに味方し、イギリスとともに宣戦布告したポルトガルと開戦するも、本土侵攻失敗、ブラジル侵攻失敗、マニラ防衛失敗、ハバナ防衛失敗。スペインの参戦はイギリスによるマニラ侵攻とキューバ侵攻をもたらした
1762	ブランデンブルク2度目の奇跡。ロシア同盟離脱 第一次セバーヨス遠征。ポルトガルのウルグアイをスペインが征服 イギリスによりマニラ陥落
1763	戦線膠着 ザクセンは首都ドレスデンを除いてプロイセンが確保するも領土は荒廃 イギリス首相に就任したビュート伯がプロイセンへの援助金を打ち切り ロシア皇帝ピョートル三世が妻のエカテリーナ二世に廃位される オーストリア、軍縮し、マリア・テレジアはシュレジェン奪回を断念 アーヘンの和約（1748年）を再確認するフベルトゥスブルク条約（パリ条約）により七年戦争が終結

おわりに

ふと思いました。

もし自分が中国人だったら、『並べて学べば面白すぎる世界史と中国史』なんて本を書くでしょうか。

あるいは、もし自分が韓国人だったら、『並べて学べば面白すぎる世界史と韓国史』なんて本を書くでしょうか。

書く気にならないと思います。また、描き方もまるで違ってくると思います。「ヨーロッパって、この程度で済むんだ！」と。

同じものでも、どの見方をするかによって、評価はまったく変わってくるものです。

たとえば、本書を書いている時点での日本国の総理大臣は安倍晋三です。安倍内閣の評価も、どの事実を取り出し、どの基準で評価をするかによって、まるで変わってきます。

人によっては、「史上最高の総理」と持ち上げる人もいます。景気が回復傾向にあり、外交もしっかりしている。リーマンショックで日本を地獄に叩き落とした麻生太郎内閣や、目も当てられない迷走を続けた三代の民主党内閣よりは間違いなくよいでしょう。もはや麻生内閣など遠い昔のような気がしますが、ここ十年の近過去に絞れば、「最高」の評価は不当ではありません。

しかし、十年の近い過去という基準は、いま生きている人が昨日のように覚えている時代くらいの意味です。それなりに意味があっても、それがすべてではないでしょう。「史上最高の内閣」というからには、初代総理の伊藤博文から網羅してもらわないと困ります。では、安倍内閣にどんな実績があるでしょうか。

まさか、日清戦争に勝った伊藤博文や日露戦争の桂太郎を超えて「史上最高」とはいえないでしょう。

戦後に絞っても、吉田茂のサンフランシスコ講和条約、鳩山一郎の日ソ国交回復、岸信介の日米安保条約改正、池田勇人《はやと》の高度経済成長、佐藤栄作の沖縄・小笠原返還と並べて、「デフレ脱却はできなかったけれども景気を回復軌道に戻し、アメリカのトランプ大統領のご機嫌を取るのだけは上手だった」などと教科書に書くのでしょうか。

年表だけ無味乾燥に並べてもよくわからないでしょうが、それぞれ意味があります。吉田は外国の支配を取り払った、鳩山は抑留されていた日本人を取り戻した、岸は外国の軍隊に一方的に支配される関係を脱した、池田は日本人に豊かな暮らしを与えた、佐藤は本土が繁栄を謳歌しているころも米軍に占領され続けた人々を取り戻した、という意味が。

景気回復や日米関係の好転なら、バブル景気のなかで「ロン・ヤス関係」を築いた中曽根康弘のほうが上でしょう。そういえば、中曽根は「戦後政治の総決算」を口にして政権を得ましたが、いつの間にか忘れていました。安倍内閣の「戦後レジームからの脱却」と同じです。「安倍内閣は、中曽根内閣の焼き直しの出来損ない」といっても、不当な評価ではないでしょう。

最近の日本人は軽々しく、「史上最高」、逆に「史上最低」という言葉遣いをします。では、どれほどの歴史を知っているのか。少なくとも「史上」というからには、網羅して比較してもらいたいなとは思います。

本書は、七世紀から十八世紀の「日本史」と「世界史」を並べてみました。ただ並べるだけで比較になったと思います。いずれも、高校教科書から大学教養レベルの、特定できる事実だけを並べてみました。

感じ方はそれぞれでよいと思います。

たとえば「世界史」の定義にしても、国の数だけ、あるいは歴史家の数だけ存在してもよいと思います。

本書では、岡田英弘先生の「世界史はモンゴルがつくった」という説を紹介しました。それでいながら、「真の世界史は七年戦争に始まる」とも述べています。ではどっちなのだ？　と思うかもしれませんが、どちらも正解なのです。「ユーラシア大陸を中心とした人間の歴史」と定義すれば、「世界史」はモンゴルがつくったでしょう。その「世界史」を我が北条時宗は拒否したと評しましたが、エジプト人も同じことをいうかもしれません。ポーランド人には、聞いてみたいと思いますが。

七年戦争以降を「世界史」とする見方は、大英帝国史観です。私は大英帝国が世界に覇権を確立していく過程を、ユーラシア大陸からモンゴルの影響を消し去り、ユーラシア以外の人々も巻き込んでいく歴史、と思っています。私が大学院生時代にメンターとしてお世話になった常磐大学教授の樋口恒晴先生からは「最初の欧州大戦は三十年戦争、最初の世界大戦は七年戦争」と教示されました。ならば、七年戦争により「世界史」が成立したという見方も十二分に説得力があります。

また、私は西洋史とくに近代史を、中山治一《じいち》先生の書物で勉強しました。中山先生が強調しておられたのは、三国干渉によりヨーロッパの問題とアジアの問題がリンクしたということでした。露仏同盟の成立により危機感を抱いたドイツが、ロシアの目を東方に向けさせるために三国干渉を起こし、日露の対立を煽ったということです。

これなど史料上は明らかな事実ですが、日本史と西洋史をつなげて考える論者はあまりいないようです。当時のヨーロッパ情勢を知らないと日本の置かれている立場などわかるはずがないですし、逆もまた然《しか》りです。

それはさておき、中山先生の筆法に従えば、「世界史」の成立は三国干渉の起こった一八九五年です。私も過去の著作で、この歴史観に従って説明したことは一再ならずです。

では、おまえはどれが正しいと思っているのかといわれましたら、「どれも正しい」と答えます。歴史にはいろんな見方があるべきだ、というのが私の結論です。

個人の力ではすべてを説明できないのが歴史ですから、いろいろな歴史観で眺めてみるべきでしょう。むしろ、「これが正解だ」という人は胡散《うさん》くさく思えます。

だから、日本と中国と韓国が一つの歴史観で統一されるなど、嘘なのです。いろんな歴史の見方があってよい。自分の考えを押し付け合わない。それが文明国の見方です。

本書はKADOKAWAの藤岡岳哉さんのご尽力により完成させられました。銃後の守りを固められると兵士は安心して前線で戦えるものですが、まさにその心境でした。安心して読める本を心がけましたが、著者の心境が文体にも出ているのだと思います。

また、倉山工房の尾崎克之さんにはアシスタントとして、私の足りないところを補ってもらい、完成度を高めていただきました。

かかわっていただいたすべての人に感謝して、筆をおきます。

二〇一八年十一月

倉山　満

年表参考文献

詳説日本史図録編集委員会編『詳説　日本史図録 第7版』（山川出版社、二〇一七年）
全国歴史教育研究協議会編『日本史用語集』（山川出版社、二〇一四年）
佐藤信・五味文彦・高埜利彦・鳥海靖編『詳説　日本史研究』（山川出版社、二〇一七年）
木村靖二・岸本美緒・小松久男監修『詳説　世界史図録 第2版』（山川出版社、二〇一七年）
全国歴史教育研究協議会編『世界史用語集』（山川出版社、二〇一四年）
文部科学省検定済教科書『詳説　世界史B　改訂版』（山川出版社、二〇一七年）
吉村武彦『聖徳太子』（岩波新書、二〇〇二年）
モンゴメリー・ワット、牧野信也・久保儀明訳『ムハンマド』（みすず書房、二〇〇二年）
森郁夫・甲斐弓子『平城京を歩く』（淡交社、二〇一〇年）
佐藤彰一『カール大帝』（山川出版社、二〇一三年）
井上満郎『桓武天皇』（ミネルヴァ書房、二〇〇六年）
鈴木哲雄『動乱の東国史1　平将門と東国武士団』（吉川弘文館、二〇一二年）
ステファン・キェニェーヴィチ編、加藤一夫・水島孝生訳『ポーランド史1・2』（恒文社、一九八六年）
高橋慎一朗『北条時頼』（吉川弘文館、二〇一三年）
神田千里『織田信長』（ちくま新書、二〇一四年）

扉写真出典一覧

第１章
伝聖徳太子像（Alamy/PPS通信社）
ムハンマド像（AGE Fotostock/PPS通信社）

第２章
レオン３世像（Alamy/PPS通信社）

第３章
桓武天皇像（Bridgeman Images/PPS通信社）
カール大帝像（UIG/PPS通信社）

第４章
平将門像（ Alamy/PPS通信社）
オットー１世像（Alamy/PPS通信社）

第５章
第３回十字軍を描いた図（Mary Evans/PPS通信社）

第６章
伝源頼朝像（Alamy/PPS通信社）
インノケンティウス３世像（G.Nimatallah/PPS通信社）

第７章
ワールシュタットの戦い（Alamy/PPS通信社）

第８章
足利義満像（Alamy/PPS通信社）

第９章
ジャンヌ・ダルク像（Alamy/PPS通信社）

第10章
織田信長像（Alamy/PPS通信社）
エリザベス１世像（Steve Vidler/PPS通信社）

第11章
三十年戦争の様子を描いた図（Alamy/PPS通信社）

第12章
ウィリアム・ピット像（AGE Fotostock/PPS通信社）

倉山 満（くらやま　みつる）
憲政史家。1973年、香川県生まれ。中央大学大学院文学研究科日本史学専攻博士課程単位取得満期退学。在学中より国士舘大学に勤務、日本国憲法などを講じる。シンクタンク所長などをへて、現在に至る。『明治天皇の世界史 六人の皇帝たちの十九世紀』（PHP新書）、『日本史上最高の英雄 大久保利通』（徳間書店）、『国民が知らない 上皇の日本史』（祥伝社新書）、『嘘だらけの日独近現代史』（扶桑社新書）など、著書多数。

並《なら》べて学《まな》べば面白《おもしろ》すぎる 世界史《せかいし》と日本史《にほんし》

2018年 11月30日　初版発行

著者／倉山《くらやま》 満《みつる》

発行者／川金 正法

発行／株式会社KADOKAWA
〒102-8177　東京都千代田区富士見2-13-3
電話　0570-002-301（ナビダイヤル）

印刷所／株式会社暁印刷

製本所／本間製本株式会社

DTP／有限会社エヴリ・シンク

ISBN 978-4-04-602486-2　C0030